Wenn Demenz zum Alltag wird

Betroffene liebevoll unterstützen – ein Ratgeber für Angehörige

mvgverlag

Gertrud Teusen

Bibliografische Information der Deutschen Nationalbibliothek
Die Deutsche Nationalbibliothek verzeichnet diese Publikation in der Deutschen Nationalbibliografie. Detaillierte bibliografische Daten sind im Internet über http://d-nb.de abrufbar.

Für Fragen und Anregungen
info@mvg-verlag.de

Wichtiger Hinweis
Dieses Buch ist für Lernzwecke gedacht. Es stellt keinen Ersatz für eine individuelle medizinische Beratung dar und sollte auch nicht als solcher benutzt werden. Wenn Sie medizinischen Rat einholen wollen, konsultieren Sie bitte einen qualifizierten Arzt. Der Verlag und der Autor haften für keine nachteiligen Auswirkungen, die in einem direkten oder indirekten Zusammenhang mit den Informationen stehen, die in diesem Buch enthalten sind.

Originalausgabe
1. Auflage 2020

Nymphenburger Straße 86
D-80636 München
Tel.: 089 651285-0
Fax: 089 652096

Redaktion: Susanne Meinrenken
Umschlaggestaltung: Marc-Torben Fischer
Umschlagabbildung: Shutterstock.com/Rawpixel.com
Satz: ZeroSoft, Timisoara
Druck: Florjancic Tisk d.o.o., Slowenien
Printed in the EU

ISBN Print 978-3-7474-0097-5
ISBN E-Book (PDF) 978-3-96121-444-0
ISBN E-Book (EPUB, Mobi) 978-3-96121-445-7

Inhalt

EINLEITUNG

Wenn Demenz zum Alltag wird ...

»Im Alter nehmen die Fähigkeiten ab und die Krankheiten zu.« Diesen Satz schrieb ich vor gut zehn Jahren in einem Senioren-Ratgeber. Damals dachte ich, es würde kein weiteres Buch von mir zu diesem Thema geben. Ich hatte die dritte Lebensphase mit all ihren Facetten ausführlich beschrieben. Ich hatte eine Idee davon bekommen, was es bedeutet, mit den Einschränkungen des Alters umzugehen.

Wenn man ein Thema so ausführlich beleuchtet, dann bleibt da oft trotz allem ein *blinder Fleck*. Etwas, was man gar nicht so genau ausleuchten möchte und ein Punkt, an dem der Wissensdurst gestillt scheint. Dem ist nicht so. Manchmal muss man genau dort hinschauen, wo es wehtut, um zu verstehen, dass man eben nicht ausweichen kann.

Wer von Pflegebedürftigkeit im Alter spricht, meint damit nicht automatisch auch die Pflege von Menschen mit Demenz. Früher gab es dafür noch gar keine Pflegestufe und erst recht keine finanzielle Unterstützung, wenn Angehörige sich um betroffene Familienmitglieder kümmerten. Für eine adäquate Unterbringung in einer speziellen Pflegeeinrichtung musste man ganz tief in die eigene Tasche greifen. Häufig blieb nur die häusliche Versorgung. Niemand wollte wirklich genau wissen, was es kostete, sich so in die Pflicht nehmen zu lassen.

Einerseits hat sich seit damals viel geändert, andererseits nun doch wieder nicht. Immer noch tragen überwiegend die nächsten Angehörigen die Last der Pflege (mehr oder minder) alleine. Sie werden zwar von Pflegediensten unterstützt, dennoch lebt rund ein Drittel aller Menschen, die an Demenz erkranken, weiterhin im gewohnten häuslichen Umfeld und wird dort versorgt: Eine unglaubliche Leistung, die getragen ist von Liebe und Verantwortung – manchmal allerdings auch bis zur Erschöpfung und bis an die Grenze der eigenen Überforderung.

Wer so sehr mit der Pflege beschäftigt ist, dem fällt es oft schwer, selbst die einfachsten körperlichen Warnsignale wahrzunehmen. Das permanent anwesende schlechte Gewissen, dem betroffenen Angehörigen nicht gerecht werden zu können, tut ein Übriges, um die Überforderungsspirale noch ein bisschen schneller zu drehen als sie es ohnehin schon tut.

Deshalb wird auch das scheinbar Offensichtliche so gerne verdrängt. Niemand denkt bei kleinen Aussetzern gleich an eine drohende Demenz. Das ist so, weil man es nicht sehen will – und natürlich auch deshalb, weil betroffene Angehörige es nicht wahrhaben möchten. Es ist nur allzu verständlich und nachvollziehbar, denn die Realität der demenziellen Krankheiten macht schlicht und ergreifend Angst.

Ein Buch gegen die Angst

Dieses Buch handelt von dieser Angst, die betroffene und sich kümmernde Angehörige durch den Alltag begleitet. Die einen, die Menschen mit Demenz, ängstigen sich vor dem Hier und Jetzt. Die anderen, die Menschen, die sich liebevoll um einen betroffenen Angehörigen kümmern, ängstigt das, was kommt. Das ist der Unterschied.

Kann ein Buch helfen, so etwas Ungeheuerliches wie das stete Vergessen in den Alltag zu integrieren? Kann es Rat und Hilfe geben, wo Hilflosigkeit das bestimmende Gefühl ist? *Wenn Demenz zum Alltag wird,* so wird sie doch nie Routine sein. Es gibt keine pauschalen Antworten auf die individuellen Fragen, denn jeder Mensch ist anders und genauso vielfältig sind die Variationen des Vergessens und die Einschränkungen, die daraus entstehen.

Ein Buch über Demenz ist und bleibt ein Annäherungsversuch. Es gilt, ein Syndrom in Worte zu fassen, was aber an sich *unfassbar* ist. Man kann sich dem Thema medizinisch, neurologisch oder psychologisch nähern, doch ganz zu greifen bekommt man es nicht. Den verschiedenen Perspektiven fehlt immer eine Ebene, und zwar die des Betroffenen selbst, die des an Demenz erkrankten Menschen.

Es gibt keinen, der aus dieser Erfahrung berichten kann, keinen, der herausgekommen ist und zu erzählen weiß, wie es dort ist, in diesem Land des Vergessens. Was also bleibt, sind Annäherungsversuche und nüchterne Fakten, und natürlich die tausend Geschichten der Angehörigen, die einen mutigen Feldzug gegen die Vergesslichkeit ihrer betroffenen Angehörigen führen. Tag für Tag,

Stunde für Stunde. Ihre Anforderungen an sich selbst ist das, was liebevolle Zuwendung möglich macht. Wie sie immer wieder aufs Neue versuchen, der unfassbaren Veränderung von lieb gewonnenen Menschen Stand zu halten und Ordnung in verwirrte Gedanken zu bringen.

In diesem Buch finden Sie keine Geschichten und Berichte aus dem Leben mit an Demenz erkrankten Menschen. Es gäbe zu viel zu erzählen, und doch ist jede Geschichte ein klein wenig anders und bringt in der Konsequenz nur wenig Erhellung. Vielmehr konzentriert sich dieses Buch darauf, Angehörigen von Menschen, die an Demenz erkrankt sind, neue, hoffentlich inspirierende Möglichkeiten zu eröffnen, die ihnen das Leben vielleicht ein bisschen leichter machen.

Worum geht es, wenn von Demenz die Rede ist?

Zunächst einmal ist Demenz keine Krankheit, sondern ein Syndrom. Demenz ist auch nicht gleich Alzheimer, selbst wenn die meisten Betroffenen an Alzheimer-Demenz leiden. Im medizinischen Fachjargon spricht man vom *demenziellen Syndrom*. Darunter versteht man eine Bündelung von verschiedenen Beschwerden, die in der Gesamtheit ähnlich sind, aber unterschiedliche Ursachen und vor allem unterschiedliche Verläufe haben.

So kennt man bislang rund 50 ganz unterschiedliche Erkrankungen, die zu einer Demenz führen können. Nicht immer geht eine Demenz vom Kopf aus, die überwiegenden demenziellen Krankheitsbilder haben ihre Ursachen in anderen chronischen Fehlfunktionen verschiedener Organe, die sich schlussendlich auf die Gedächtnisleistung niederschlagen.

Mediziner unterscheiden deshalb zwischen primären und sekundären Demenzformen.

Primäre Demenzen sind *neurodegenerative* Erkrankungen. Das bedeutet, sie haben ihren Ursprung im Gehirn und werden deshalb auch als hirnorganische Demenzen bezeichnet. Wenn man hierzulande über Demenz spricht, dann sind überwiegend diese primären Formen gemeint. Dazu gehören:

1. die Alzheimer-Demenz,
2. die gefäßbedingte (vaskuläre) Demenz,
3. die Lewy-Körperchen-Demenz (in Verbindung mit Parkinson)
4. und die sehr seltene frontotemporale Demenz.

Diese vier primären Demenzformen machen rund 90 Prozent aller Demenzerkrankungen aus. Grob vereinfacht passiert dabei Folgendes: Im Krankheitsverlauf sterben im Gehirn Nervenzellen ab, und die Verbindungen zwischen den einzelnen Zellen verkümmern. Dabei ist das auch schon die einzige Gemeinsamkeit.

Zum Beispiel Alzheimer

Bei der Alzheimer-Demenz verläuft der Abbau der geistigen Leistungsfähigkeit in drei Phasen ab und ist in diesem Sinne kontinuierlich fortschreitend und nicht reversibel. Schlussendlich gehen dabei wesentliche Gehirnareale zugrunde, sodass der Verlauf zwar verlangsamt, aber nicht aufgehalten werden kann. Circa 60 bis 70 Prozent aller Demenzerkrankten haben Alzheimer.

Zum Beispiel gefäßbedingte (vaskuläre) Demenz

Bei einer vaskulären Demenz kommt es (stark vereinfacht) zu Durchblutungsstörungen im Gehirn, die kleine Mini-Schlaganfälle auslösen können. In der Folge leiden immer die Gehirnareale, die gerade betroffen sind. Die *Aussetzer* in Bezug auf die geistigen Fähigkeiten treten also sprunghaft in den unterschiedlichsten Bereichen auf und können sich manchmal auch wieder zurückbilden.

Zum Beispiel Parkinson

Auch die Lewy-Körperchen-Demenz, die in Verbindung mit Parkinson auftritt, hat wiederum eine Besonderheit. Vor allem führt der Morbus Parkinson an sich noch nicht automatisch zu einer Demenz, sondern betrifft im Wesentlichen die Motorik. Die Patienten *erstarren* (das nennt man *Rigor*) oder *zittern* (das nennt man *Tremor)*. Im letzten Stadium des Morbus Parkinson kann es dann auch zu demenziellen Aussetzern kommen.

Frontotemporale Demenz (FTD)

Die Frontotemporale Demenz (FTD) ist eine eher seltene Form der Demenz. Dabei sind vom Niedergang im Wesentlichen die Nervenzellen in den Stirnlappen (den sogenannten *Frontallappen*) und den Schläfenlappen (den sogenannten *Temporallappen*) des Gehirns betroffen. Bei fast allen Patienten, die daran erkranken, fallen zu Beginn Veränderungen der Persönlichkeit und des zwischenmenschlichen Verhaltens auf. Sie sind besonders aggressiv und taktlos, ja manchmal auch enthemmt. Das Gedächtnis wird erst in einem späten Stadium in Mitleidenschaft gezogen.

So oder so kann man den Verlauf einer primären Demenzerkrankung nicht umkehren, allerdings lässt sich durch Medikamente und Therapie der Weg zum Vergessen verlangsamen.

Die sekundären Demenzerkrankungen sind zwar eher selten, dafür aber in Bezug auf die Ursachen besonders vielfältig. Sie können beispielsweise durch Depressionen, Medikamente, Alkoholsucht, Schilddrüsenerkrankungen oder eine Vitaminunterversorgung ausgelöst werden. Im Gegensatz zu Alzheimer und vielen anderen primären Demenzerkrankungen können sekundäre Demenzen mitunter geheilt werden, wenn die zugrunde liegende Erkrankung früh genug behandelt wird.

ICD-10: Demenz

Nach dem internationalen System zur Klassifikation von Krankheiten gilt für die Demenz folgende Definition: »Demenz (ICD-10-Code: F00-F03) ist ein Syndrom als Folge einer meist chronischen oder fortschreitenden Krankheit des Gehirns mit Störung vieler höherer kortikaler Funktionen, einschließlich Gedächtnis, Denken, Orientierung, Auffassung, Rechnen, Lernfähigkeit, Sprache, Sprechen und Urteilsvermögen im Sinne der Fähigkeit zur Entscheidung. Das Bewusstsein ist nicht getrübt. Für die Diagnose einer Demenz müssen die Symptome nach ICD über mindestens 6 Monate bestanden haben. […] Gewöhnlich begleiten Veränderungen der emotionalen Kontrolle, des Sozialverhaltens oder der Motivation die kognitiven Beeinträchtigungen; […]. Sie kommen bei Alzheimer-Krankheit, Gefäßerkrankungen des Gehirns und anderen Zustandsbildern vor, die primär oder sekundär das Gehirn und die Neuronen betreffen.«

Der Diagnose-Schock – und dann?

Was ist, das ist … wie geht es jetzt weiter? In vielen Ratgebern wird empfohlen, sich umfassend über das individuelle Krankheitsbild zu informieren, um die Diagnose besser verarbeiten zu können. Wie jedoch der Einzelne damit umgeht, ist höchst verschieden, und dabei hilft auch kein noch so gut gemeinter Ratgeber. Die Diagnose *Demenz* macht da keinen Unterschied zu anderen schweren Krankheiten. Nun kann man als Betroffener oder Angehöriger die Hände in den Schoß legen und darauf warten, dass das Schicksal seinen Lauf nimmt. Oder man nimmt sein Leben noch mal in die Hand und gestaltet die verbleibenden *guten*

Jahre nach persönlichem Geschmack. Letzteres ist leider viel zu selten, aber das kann wahrscheinlich nur der verstehen, der in solch einer Situation gefangen ist. Die Hoffnung, dass alles irgendwie wieder gut wird, stirbt einfach zuletzt. So sind wir Menschen nun einmal.

Dennoch sollte man den Blick nach vorn richten und wenigstens die Dinge regeln, die für die Zukunft wichtig sind. Eine Patientenverfügung ist beispielsweise wichtig, um dem sich kümmernden Angehörigen einen Leitfaden an die Hand zu geben, wie man es sich vorstellt – zumindest theoretisch. Auch eine Vorsorgevollmacht, die medizinische Belange mit abdecken kann, wäre solch ein Projekt mit Zukunftspotenzial. Je nach Formulierung treten solche Bevollmächtigungen erst dann in Kraft, wenn man selbst nicht mehr in der Lage ist, seine Dinge zu regeln. Solche Vorsorge geht nämlich nicht automatisch an die nächsten Angehörigen über, wenn es denn nötig ist. Denn manchmal wird eine Betreuung von außen *bestellt*, und dabei weiß man dann nie, an wen man gerade gerät.

Es ist völlig normal, dass die meisten alten Menschen (mit und ohne Demenz) einerseits zu Hause gepflegt werden möchten. Andererseits wollen auch viele Betroffene ihren Angehörigen nicht zur Last fallen. Welche Entscheidungen in Zukunft wie getroffen werden, sollte man, wenn möglich, zuvor festlegen.

Doch all solche Regelungen und Empfehlungen sind in diesem Buch kein explizites Thema. Hier geht es um das Zusammenleben im Alltag, und es richtet sich an die Angehörigen, die die Pflege übernehmen und später dann die Verantwortung annehmen.

Wir schaffen das ... gemeinsam!

Erich Kästner soll einmal gesagt haben: »Auch aus Steinen, die dir in den Weg gelegt werden, kannst du etwas Schönes bauen.« Dieser Ratgeber möchte genau das: Nämlich, dass Sie die Steine, die auf Ihrem Weg liegen, dazu benutzen, um Brücken zu bauen – Brücken der Verständigung, der Teilhabe, des Wohlfühlens und des Annehmens.

Niemand sagt, dass es einfach ist, die Diagnose Demenz in den Alltag zu integrieren. Aber es geht: Millionen von pflegenden Angehörigen stellen das täglich unter Beweis.

Die folgenden Kapitel sind in Schwerpunkte gegliedert und im Wesentlichen gleich aufgebaut, sodass Sie sich schnell zurechtfinden. Es gibt allgemeine Informationen zum jeweiligen Thema wie zum Beispiel *Kommunikation* oder *herausforderndes Verhalten*, die Ihnen eine Idee über Hintergründe und Zusammenhänge geben.

Es gibt immer einen Teil, der sich mit den drei Phasen einer Demenz beschäftigt und versucht, soweit möglich, die Sichtweise des betroffenen Angehörigen mit Demenz zu reflektieren. Die Einteilung in die drei Phasen orientiert sich an dem Verlauf der Alzheimer-Krankheit; die einzelnen Elemente treten jedoch auch bei anderen Demenzformen auf, wenn auch in unterschiedlicher Intensität.

Im direkten Anschluss wird betreuenden Angehörigen erklärt, wie sie mit den teils schwer nachvollziehbaren Verhaltensweisen und Phänomenen umgehen können.

In jedem Kapitel finden Sie Abschnitte, wie Sie bestimmte Elemente der Betreuung aufgreifen und umsetzen können. Wo passend, finden Sie dort Checklisten zum Beispiel für sinnvolle Beschäftigungen oder Schritt-für-Schritt-Anleitungen, wie beispielsweise für die so wichtige Erinnerungsarbeit. Im Fokus aller Vorschläge steht die Aktivierung der betroffenen Angehörigen und wenn möglich die sinnvolle Auslastung, um das Selbstwertgefühl zu unterstützen.

All das wurde mit dem Ziel zusammengestellt, die Überforderung im Alltag des Zusammenlebens mit Menschen mit Demenz zu vermeiden bzw. zu minimieren. So wendet sich das fünfte Kapitel exklusiv an Angehörige, die sich kümmern und die sich dabei aber selbst nicht aus den Augen verlieren sollten.

Wo die Grenzen der liebevollen Betreuung erreicht sind, setzt Kapitel 6 noch einmal ganz neu an. Denn manchmal ist eine Versorgung außerhalb des eigenen Hauses im fortgeschrittenen Stadium einer Demenzerkrankung notwendig.

Die richtige Wortwahl

In diesem Buch die richtige Sprache und Ansprache zu finden war nicht einfach. In Zeiten der Genderifizierung, im Ringen um eine gleichberechtigte Wortwahl wird es schwierig zu formulieren, ohne auszugrenzen oder herabwürdigend zu sein. Deshalb wird auf den folgenden Seiten immer von *Menschen mit Demenz* oder *betroffenen Angehörigen* geschrieben. Manchmal wird auch *der betroffene Angehörige* verwendet. Die männliche Form dient allein der besseren Lesbarkeit und trägt nicht den statistischen Tatsachen Rechenschaft, dass sowohl Menschen mit Demenz als auch solche, die pflegen, überwiegend Frauen sind.

KAPITEL 1

Kommunikation und Demenz

Was sind Erinnerungen noch wert, wenn sie nicht mehr geteilt werden können? Die Sprache ist ein wesentlicher Bestandteil dieses Austauschs und gilt häufig als Basis für Verständigung. Aber es ist noch mehr: Kommunikation bedeutet auch, einander zu verstehen. All das verändert sich, wenn Angehörige die Diagnose demenzielles Syndrom erhalten.

Dabei wird häufig außer Acht gelassen, dass sich die sprachlichen Fähigkeiten im Laufe eines Lebens verändern. Sie wachsen, werden vielfältiger und schließlich durch Erfahrungen, Wissen und Erkenntnisse angereichert. Wir sammeln Erinnerungen und erwerben Fertigkeiten. Das alles ist Futter für unsere grauen Zellen.

Nur allzu oft wird vergessen, dass man auch Sprache (wie so vieles andere) erst einmal lernen muss. Kleine Kinder lernen noch nebenbei. Dann kommen sie in die Schule, und damit bekommt das Lernen ein System. Je älter Menschen nun werden, desto schwieriger und aufwendiger ist es, Neues zu lernen. Doch die grauen Zellen täglich herauszufordern ist wichtig, denn mit Herausforderungen bleiben sie fit und gesund.

Mit dem Alter verändert sich das. Bei den meisten Menschen ist der Prozess schleichend und zeichnet sich nur dadurch ab, dass die Denkprozesse etwas langsamer ablaufen. Deshalb ist man nicht gleich dement. Doch wenn es so ist, verändert sich nicht nur der Mensch, sondern es verändert sich auch seine Fähigkeit, zu kommunizieren. Im Grunde verändert sich alles.

Die Reise in eine neue Welt

Der ehemalige US-Präsident Ronald Reagan erkrankte mit 83 Jahren an *Alzheimer*. Er schrieb damals einen Brief an die Nation, in dem er seine Diagnose öffentlich machte. Darin verglich Reagan seine Demenz mit einer *Reise zum Sonnenuntergang des Lebens.* Ein schönes (wenn auch trauriges) Bild für das, was auch auf Sie und Ihren Angehörigen zukommt.

Zuerst leidet die Fähigkeit, wie gewohnt zu kommunizieren. Das hört sich zunächst wenig spektakulär an, hat jedoch im Verlauf der Erkrankungen weitreichende Konsequenzen. Reagans Vergleich mit einer Reise trifft es jedoch ganz gut, denn genau so muss man es sich vorstellen: Wie wäre folgendes Szenario für Sie? Sie erwachen eines Tages und die Menschen in Ihrer Umgebung sprechen ständig von Dingen, die Sie nicht verstehen. Das Schlimme daran ist, dass jeder gerade so tut, als sei alles ganz selbstverständlich. Niemand nimmt Rücksicht darauf, dass Sie förmlich *sprachlos* sind, eben weil Sie nicht wissen, worum es geht. Wie würden Sie reagieren? Wütend oder verärgert? Mit Sicherheit wären Sie verstört, vielleicht auch ängstlich, auf alle Fälle aber eingeschüchtert.

Wenn Ihnen diese kurze Beschreibung Angst macht, dann wissen Sie nun, wie sich an Demenz erkrankte Menschen fühlen.

Wer unter Demenz leidet, verliert nach und nach die Fähigkeit, sich wie bislang gewohnt auszudrücken. Das ist für alle Betroffenen schmerzlich. Normale Gespräche mit dem Partner oder der Partnerin, der Mutter oder dem Vater werden zunächst schwierig, dann kompliziert und schließlich unmöglich. Wichtig ist es, sich immer wieder in die Situation des Erkrankten zu versetzen. Denn dann lassen sich Wege finden, um miteinander in Kontakt zu bleiben.

Klare Worte finden – ganz schön schwierig

Die Basis für ein gutes Miteinander ist die klare Kommunikation. Wie schwer das sein kann, weiß jeder Mensch aus eigener Erfahrung. Insbesondere im Gespräch mit älteren (und an Demenz erkrankten) Menschen neigen wir mehr zur Verschleierungstaktik als zu offenen Worten. Dabei sind das Verbiegen und Vertuschen meist vergebene Liebesmühe, denn unser Körper spricht immer mit – und oft eine ganz andere Sprache, als die Worte glauben machen wollen.

Jeder Mensch spricht nicht nur mit Worten, sondern unterstreicht das Gesagte ganz automatisch durch Gesten, Mimik und Stimmlage – oder führt es ad absurdum. Sie können sich, wenn Sie beispielsweise von Gewissensbissen geplagt sind, noch so sehr bemühen, einen souveränen Eindruck zu machen; das schlechte Gewissen steht Ihnen doch buchstäblich ins Gesicht geschrieben.

Was für Kommunikation allgemein zutrifft, gilt für die Gespräche mit Menschen, die an Demenz erkrankt sind, im Besonderen. Und nicht zu vergessen: Ihr Gesprächspartner, also Vater oder Mutter oder Lebenspartner, kennt Sie schon lange, oft sogar ein Leben lang. Häufig haben Menschen mit Demenz ein feines Gespür für Zwischentöne und ebenso für ernste Worte. Zwischen dem, was man sagt, und dem, was man fühlt, liegen manchmal Welten – und nochmal größer ist der Unterschied, was bei unserem Gegenüber ankommt.

Insbesondere beim Gespräch mit älteren Menschen, die an Demenz leiden, fällt es schwer, Worte und Empfindungen in Einklang zu bringen, weil man sie nicht verärgern will, weil man sie nicht verletzen oder einfach nur, weil man lästigen Diskussionen aus dem Weg gehen möchte. Probleme tauchen beispielsweise regelmäßig auf, wenn wir *ja* sagen, aber *nein* meinen.

Gestik, Mimik, Tonlage – darauf kommt es an

Zu einer gelungenen Kommunikation gehört so viel mehr als die richtige Wortwahl. Gestik, Mimik, Tonlage werden zumeist unbewusst eingesetzt und begleiten Gespräche quasi automatisch. Im Umgang mit Angehörigen, die an Demenz erkrankt sind, ist es gut, sich damit zu beschäftigen, wie Körpersprache wirkt und wie sie sich beeinflussen lässt. Denn gerade der unbedachte Umgang damit löst oft unerwartete Reaktionen aus.

Die Gestik

Als Gestik werden landläufig alle Bewegungen der Arme, Hände und des Kopfs bezeichnet, die ein Gespräch begleiten. Im Idealfall unterstreichen oder ersetzen sie Mitteilungen in einer jeweiligen Lautsprache.

Gesten begleiten unsere Kommunikation praktisch permanent. Sie heben Bedeutsames hervor, transportieren Gefühle und machen dadurch auch komplizierte Sachverhalte nachvollziehbar.

Im Umgang mit Menschen, die an Demenz erkrankt sind, ist es wichtig, sich der Aussagekraft von Gesten bewusst zu sein. Sie können Angst einflößen oder beschwichtigen, Aufmerksamkeit wecken oder Desinteresse offenbaren. Gestik ist also durchaus ein zweischneidiges Schwert.

Der US-amerikanische Psychologe David McNeill gilt als Pionier der Gestenforschung. Für ihn war klar, dass Gesten mehr über die wahren Gedanken und Absichten verraten als bloße Worte. In den 1990er-Jahren entwickelte er vier Basistypen der verwendeten Gesten.

Man unterscheidet sprachbegleitende und sprachersetzende Gesten. Im Verlauf einer Demenzerkrankung gewinnt das zunehmend an Bedeutung, da der Wortschatz geringer und die Aussagen immer unpräziser werden.

Gesten sind überwiegend redebegleitend und im Umgang mit Angehörigen, die an Demenz erkrankt sind, ist es gut, die eigene Gestik zu prüfen und sich eine facettenreiche Körpersprache anzugewöhnen.

Wenn die Sprachfähigkeit infolge der Demenzerkrankung nachlässt, gewinnen sogenannte *deiktischen* (also zeigenden) Gesten, an Bedeutung. Gerade in der Phase, in der dem betroffenen Angehörigen immer mehr Worte fehlen, kann es sinnvoll sein, sich so zu behelfen, um eine klare Kommunikation zu bewahren. Zeigt man beispielsweise bei der Frage »Könntest du die Blumen gießen?« zuerst auf die Blumen und dann auf die Gießkanne, wird deutlicher, worauf die Frage abzielt.

Je mehr sich die Sprachfähigkeit des betroffenen Angehörigen reduziert, desto intensiver sollten sogenannte *symbolische* Gesten (also solche, die für sich sprechen) genutzt werden. Solche sprachersetzenden Gesten sind unter anderem die offene Handfläche am ausgestreckten Arm als »Stopp«-Signal. Schüttelt man den Kopf, bedeutet das »nein«, ein Nicken wird als Zustimmung verstanden.

Eine facettenreiche Gestik kann man sich regelrecht antrainieren, wenn man nicht zu jenen Menschen gehört, die das von Natur aus so machen. Aber bitte nicht übertreiben, denn: Wildes Herumfuchteln kann auch furchteinflößend wirken.

Die Mimik

Während man die Bewegungen von Händen, Armen und Kopf noch so einigermaßen kontrollieren kann, wird es bei der Mimik schon wesentlich schwieriger. Mit dem Begriff *Mimik* werden alle sichtbaren Bewegungen des Gesichts beschrieben, die direkt mit den Gefühlen verknüpft sind, die wir gerade empfinden. Lügen ist da quasi ausgeschlossen, es sei denn, man ist ein wirklich guter Schauspieler.

Der Gesichtsausdruck eines Menschen lässt sich ganz grob in sogenannte Basisemotionen wie Angst, Wut, Ekel, Trauer, Überraschung und Freude unterteilen und unterscheiden. Fünf Muskelgruppen kontrollieren die sichtbaren Bewegungen des Gesichts. Die Bewegungen werden innerhalb von Sekundenbruchteilen gebildet und sind bei allen Menschen gleich.

Für einen düsteren Blick braucht man 54 Gesichtsmuskeln, zum Lachen hingegen nur 43. Da trifft es sich gut, dass man im Umgang mit betroffenen Angehörigen öfter mal lächeln sollte.

Sicher ist es im täglichen Umgang und beim Zusammenleben mit Menschen mit Demenz nicht einfach, auch noch auf die korrekte Mimik zu achten. Allerdings beeinflussen Sie allein durch das Anheben der Mundwinkel auch ihr eigenes Stimmungsbarometer.

Etwas anderes ist es, im Gesicht des Gegenübers zu lesen. Das ist keine große Kunst, denn wir machen es eigentlich ständig, wenn wir es mit anderen Menschen zu tun haben. Experten für Körpersprache sind davon überzeugt, dass wir am besten in den Gesichtern anderer *lesen* können, wenn wir den Gesichtsausdruck unseres Gegenübers nachahmen. Der Versuch lohnt sich.

Zugegeben, wir wissen nicht immer, was unsere Mimik alles über uns verrät. Umso mehr können wir aber lernen, welche Gesichtsregungen mit Angst oder Wut einhergehen. Das ist im Zusammenleben mit Angehörigen, die an Demenz erkrankt sind, oft ein wertvolles Frühwarnsystem für die allgegenwärtigen Gefühlsturbulenzen, die eine Demenzerkrankung begleiten.

Und noch ein kleiner Tipp: Die Augen- und Mundpartie verraten am schnellsten, wie sich ein Mensch fühlt. Deshalb ist es auch so wichtig, stets Blickkontakt aufzunehmen, bevor man einen betroffenen Angehörigen anspricht. Das erzeugt Aufmerksamkeit und kann Anerkennung vermitteln.

Die Tonlage und die Intonation

Fast ebenso verräterisch wie die Mimik sind die Stimmlage und die Betonung, mit der wir sprechen. Hoch oder tief, laut oder leise – jeder Mensch hat seinen ganz individuellen *Soundtrack*. Im Umgang mit älteren Menschen oder auch Angehörigen, die an Demenz erkrankt sind, neigen wir dazu, die Stimme anzuheben und auch lauter als gewöhnlich zu sprechen. Manchmal ist das aber gar nicht notwendig, und dann wird laute Ansprache schnell mit Schreien verwechselt.

Versuchen Sie, mit gleichbleibender Stimmlage, ruhig und nicht zu schnell zu sprechen. Zwar ist es überwiegend Gewohnheit, mit welchem Tempo oder in welcher Lautstärke Sie kommunizieren, bemühen Sie sich jedoch langsamer und vor allem deutlicher zu sprechen.

Achten Sie auf Nebengeräusche, damit Sie die volle Aufmerksamkeit erreichen! Sich auf einen Gesprächspartner zu konzentrieren fällt leichter, wenn im Hintergrund keine Störgeräusche dazwischenfunken.

Emotionen werden auch über die Tonlage und insbesondere die Intonation (also die Betonung einzelner Wörter) transportiert bzw. spiegeln sich dort wider. Gerade wenn man krampfhaft versucht, zum Beispiel Wut oder Enttäuschung zu unterdrücken, verrät die Stimme, wie es um einen steht. Immer dann, wenn Sie das Gefühl haben, Ihre Stimme nicht kontrollieren zu können, verlassen Sie besser den Raum und atmen ein paar Mal tief durch. Menschen mit Demenz neigen dazu, emotionale Ausbrüche auf sich selbst zu beziehen und reagieren dann zunehmend verwirrt.

Ganz wichtig: Lassen Sie durch einen Facharzt prüfen, ob Ihr Angehöriger noch ausreichend gut hört. Wenn nicht, sollte man über ein Hörgerät nachdenken. Dann ist die Frage der richtigen Lautstärke auch gleich geklärt.

Was bei einer Demenz mit dem Sprachvermögen passiert

Im medizinischen Fachjargon nennt man es *Aphasie*, wenn vom Verlust der Sprache die Rede ist. Auch wenn die zunehmende Sprachlosigkeit bei einer Demenz andere Ursachen hat, als beispielsweise nach einem Schlaganfall oder bei einem Hirntumor, wird der gleiche Begriff verwendet. Die Voraussetzungen sind jedoch grundverschieden, denn zum Beispiel kann nach einem Schlaganfall das Sprechen zwar verloren gehen, doch häufig ist dieser Zustand nur vorübergehend. Diese Sprachlosigkeit kann sich unter anderem durch Logopädie zurückbilden und gar völlig wieder verschwinden. Bei einer Demenz ist es gerade umgekehrt: Nach und nach gehen dem Betroffenen zunächst Worte verloren, bis er schließlich verstummt. Ob eine logopädische Unterstützung Sinn ergibt, muss von Fall zu Fall entschieden werden; sie wird den Prozess aber nicht rückgängig machen können.

In der ersten Phase einer Demenzerkrankung fallen den Betroffenen einzelne Worte nicht mehr ein. Sie nutzen Umschreibungen oder Allgemeinplätze, um dieses Defizit in Gesprächen auszugleichen. Überhaupt sind die Merkmale des Sprachverlusts noch nicht so dramatisch, als dass man sie nicht gut überspielen könnte. Es ist mehr das Zusammenspiel mehrerer Faktoren, die das demenzielle Syndrom kennzeichnen.

Wortfindungsschwierigkeiten

Diese werden häufig durch Hilfskonstruktionen wie *man, so, etwas* oder *Dings* überspielt. Das allein ist noch kein Demenzsymptom, da gerade bei schnellem Sprechen selbst junge Erwachsene manchmal die präzisen Begriffe nicht parat haben. Man nennt dieses Phänomen auch *TOT*, was für *Tip of the tongue* steht: Das gesuchte Wort liegt einem förmlich auf der Zunge, ist sozusagen zum Greifen nah – und doch bringt man es nicht über die Lippen. Das *Zungenspitzen*- oder *Wort-auf-der-Zunge*-Phänomen bezeichnet eine Art *Kurzamnesie*, wobei man sich genau in dem Moment, in dem man ihn aussprechen will, nicht an den korrekten Begriff erinnern kann. Ein Trost: Wenig später ist er dann wieder *verfügbar*.

Sprachtempo

Auffällig ist auch, dass sich das Sprachtempo verlangsamt. Es scheint gerade so, als müssten betroffene Angehörige die Worte mit mehr Bedacht wählen. Das ist aber nur dann ein eindeutiger Hinweis, dass etwas nicht stimmt, wenn der Mensch mit Demenz zuvor immer alles flott auf den Punkt gebracht hat. Für eine schleppende Sprache kann es allerdings viele andere, weniger bedrohliche Diagnosen geben, wie zum Beispiel Flüssigkeitsmangel, wenn Senioren zu wenig getrunken haben.

Konzentration

Ein langes und intensives Gespräch zu führen erfordert ein hohes Maß an Konzentration. Manchen Senioren fehlt es dafür einfach an Geduld, vor allen Dingen dann, wenn sie das Thema nicht so spannend finden. Häufig lässt auch insgesamt das Hörvermögen nach, und deshalb *schalten sie ab,* wenn es ihnen zu anstrengend ist. Signifikant für eine beginnende Demenzerkrankung ist jedoch, wenn betroffene Angehörige beim eigenen Sprechen schneller als gewöhnlich *den Faden verlieren* oder in einem normalen Gespräch plötzlich mit unpassenden Bemerkungen herausplatzen. Denn: Wer um Worte ringt, hat oft kein Gespür mehr für Höflichkeiten.

Konkretismus

Die mangelnde Höflichkeit und Zurückhaltung gegenüber anderen (auch fremden) Menschen wird von Angehörigen häufig als sehr belastend empfunden. In der ersten Phase der Demenz versteht der betroffene Angehörige keine Doppeldeutigkeiten mehr, weiß nicht mit Ironie oder witzigen Wortspielen umzugehen. Im Fachjargon spricht man in diesem Zusammenhang auch vom zunehmenden *Konkretismus*, was bedeutet, dass alles Gesagte wortwörtlich genommen wird. So kann man für die Phrase »nun lass mal die Kirche im Dorf« durchaus verwunderte Blicke ernten.

Reduziert auf das Notwendige

Insgesamt wird die Sprache in der ersten Phase der Demenz einfacher. Auffällig ist es, dass mehr aktive und weniger passive Formulierungen verwendet werden. Je eleganter sich der betroffene Angehörige vor der Diagnosestellung ausdrücken konnte, desto eklatanter ist die zunehmend unbeholfene Ausdrucksweise jetzt.

Die Übergänge zwischen den verschiedenen Phasen lassen sich immer nur individuell festlegen, denn die Veränderungen sind umso offensichtlicher, je größer der Unterschied zur Kommunikationsfähigkeit vor der Demenzerkrankung offenbar wird.

In der zweiten Phase einer Demenzerkrankung wird es für betroffene Angehörige zunehmend schwieriger, ein Gespräch zu führen. Um sich keine Blöße zu geben, sprechen sie in der Regel immer weniger, und ihre Sprache wird *schlichter*. Wieder ist es das Zusammenspiel verschiedener Faktoren, die typisch für eine demenzielle Erkrankung sind.

Wortschatz schwindet

Der Wortschatz wird immer kleiner, und so sind es keine Wortfindungsstörungen mehr, sondern eher die Reduktion auf das Notwendige. Wort- und Satzwiederholungen prägen die Gespräche. Für Angehörige, die sich kümmern, ist das zunächst irritierend und kann im täglichen Zusammenleben auch extrem anstrengend sein.

Ständige Wiederholungen

Es ist offensichtlich, dass sich der betroffene Angehörige immer schlechter konzentrieren kann. Oft ist man versucht, ihm bösen Willen zu unterstellen. Doch in der Tat ist es nicht so, denn durch das häufige Wiederholen von Sätzen, die Sie zuvor gesagt haben, will er nur überspielen, dass ihm die Worte für eine eigenständige Antwort fehlen.

Grammatik wird reduziert

Auffällig sind die einfachen Satzkonstruktionen, die jetzt fast ausschließlich verwendet werden. Insgesamt gibt es weniger Nebensätze und fast keine geschickten grammatikalischen *Zutaten (wie zum Beispiel Flexionen, Pronomen und Präpositionen wie an, bei, durch, dank, während, trotz)* mehr.

Standardsätze ohne Sinn

Das Gesagte wird zunehmend unverständlich, und Angehörige müssen sich immer öfter *zusammenreimen,* was wohl eigentlich gemeint ist. Im Gegenzug verstehen erkrankte Angehörige auch immer weniger davon, was gesprochen wird. Interessant ist in diesem Zusammenhang, dass das Verständnis von geschriebenen Texten länger erhalten bleibt. Betroffene Angehörige, die früher einmal viel zu sagen hatten, können nun keine komplexen Geschichten mehr erzählen, dafür aber noch lesen. Häufig werden Standardsätze bemüht, um die entstehende Leere zu füllen.

Das Hier und Jetzt verschwindet

Für den betroffenen Angehörigen verschwimmen zunehmend die Grenzen zwischen Vergangenheit und Gegenwart. In Kombination mit der wenig konkreten Sprache führt das zunehmend zu Missverständnissen.

Die zweite Phase der Demenz ist von Verlusten geprägt. Gerade Beziehungen, die zuvor von einer lebhaften Kommunikation geprägt waren, werden stiller.

In der dritten Phase einer Demenzerkrankung wird die gewünschte Kommunikation auf Augenhöhe zunehmend schwierig. Die Fähigkeit, zu sprechen und Gesprochenes zu verstehen, nimmt dramatisch ab.

Hohle Phrasen und leere Sätze

Es ist die Phase der *leeren Sätze* und *hohlen Phrasen.* Die betreuenden Angehörigen rätseln zunehmend, was der betroffene Angehörige sagen möchte. Wichtiges und Unwichtiges verschwimmen, Missverständnisse sind vorprogrammiert.

Echolalie

Der Wortschatz ist dramatisch reduziert. Hinzu kommt das, was man im Fachjargon *Echolalie* nennt: das zwanghafte Wiederholen eines Satzes oder eines Wortes. Der betroffene Angehörige *verstummt* – und zwar nicht, weil ihm die Fähigkeit zu sprechen fehlt, sondern er die Worte vergisst.

Kommunikation ohne Worte

Wenn die Sprache wegfällt, geben betroffene Angehörige nur noch Laute von sich. Sie können auf Fragen nicht mehr antworten. Nur körperliche Wahrnehmungen wie Schmerz, Hitze und Kälte oder Bewegung entlocken ihnen noch Reaktionen. Und diese (richtig) zu interpretieren macht das Zusammenleben umso schwieriger.

Für Angehörige: Wie geht man mit den Veränderungen um?

Wer sich um Angehörige kümmert, die an Demenz erkrankt sind, übernimmt eine große Verantwortung. Der Mensch, der der zu Pflegende einmal war, verschwindet mit der Zeit, und das ist nur schwer zu verkraften. Pflege per se ist schon nicht einfach; sich um einen Partner oder Elternteil mit Demenz zu kümmern, ist eine noch größere Herausforderung.

Diese Herausforderung anzunehmen nötigt Anerkennung ab, vor allem dann, wenn das Sich-Kümmern von Respekt begleitet wird. Doch das ist schwierig, vor allem angesichts all der vielen kleinen Unzulänglichkeiten, die es zu kompensieren gilt. Da ist man schnell mal verführt, mit dem betroffenen Angehörigen zu sprechen als sei er ein kleines Kind – was er aber natürlich nicht ist.

Sprechen Sie mit Menschen mit Demenz wie zu einem Erwachsenen.

Kommunikation auf Augenhöhe bedeutet, nicht von oben herab. Gehen Sie zum Beispiel in die Hocke, wenn ihr betroffener Angehöriger sitzt oder setzen Sie sich zu ihm. So fällt es leichter, die richtigen Worte und Stimmlage zu finden. Der Körper folgt der Emotion, die Stimme ebenso.

Sprechen Sie respektvoll mit ihm! Nehmen Sie Blickkontakt auf, bevor Sie reden. Finden Sie stets einleitende und erklärende Worte, wenn Sie sie zu einer Aktivität (zum Beispiel einem Spaziergang) auffordern oder auf eine Veränderung (zum Beispiel einen Besuch) vorbereiten wollen. Fallen Sie nicht (wie man so schön sagt) mit der Tür ins Haus.

Auch demente Angehörige haben zumeist noch ein sehr gutes Gespür dafür, wenn man hinter ihrem Rücken über sie spricht oder mit anderen über ihren

Kopf hinwegredet, als wären sie Luft. Zudem sind es ja auch selten Lobeshymnen, die man so im Flüsterton weiterträgt.

Demenz ist von großen Emotionen begleitet: Scham, Angst und die ewige Vergesslichkeit machen keinem mehr zu schaffen als dem betroffenen Angehörigen selbst.

Mitgefühl gegen Missverständnisse

Im täglichen Umgang mit betroffenen Angehörigen kommen Sie nicht umhin, Kommunikation völlig neu zu entdecken und auch neu zu erlernen. Führen Sie sich immer wieder vor Augen, dass ihm nur noch ein begrenzter Wortschatz zur Verfügung steht. Seine Sätze sind einfach konstruiert und bieten in der Regel mannigfaltige Interpretationsmöglichkeiten.

Schon bei Menschen mit einer gesunder Geistesleistung kommt es häufig zu Missverständnissen, die man allerdings durch Nachfragen ausräumen kann. Genau das geht nicht mehr, und so bleibt nur, den Sinn hinter simplen Worten zu entdecken. Machen Sie sich die Mühe und entschlüsseln Sie die emotionale Botschaft!

- Jeder Mensch mit Demenz hat Sätze, die er stets aufs Neue wiederholt. Manchmal ergibt das Gesagte keinen Sinn. Beispielsweise kann die Aussage *»Ich muss zur Arbeit«* darauf hindeuten, dass der Angehörige sich unnütz fühlt und sich nach einer Beschäftigung sehnt. Es geht also um Langeweile und ebenso um den Sinn des Lebens.
- Auch andere Angehörige werden immer wieder Thema sein, zum Beispiel, wenn der Mensch mit Demenz nach seinen Kindern fragt, auch wenn diese gerade erst zu Besuch waren. Dabei ist das emotionale Thema *Einsamkeit, Geborgenheit* oder *Verlustangst.*
- Die gesprochene Botschaft weicht oft vom emotionalen Hintergrund ab. Wenn Sie sich jedoch darauf einlassen, erfahren Sie mehr über die möglichen Hintergründe, und es ergeben sich neue Ansatzpunkte für ein besseres Miteinander.

Heikel wird es, wenn betroffene Angehörige über bereits Verstorbene so sprechen, als wären sie gerade da. Sie sollten dann auf keinen Fall widersprechen! Entweder Sie nutzen die Gelegenheit, über vergangene Zeit zu sprechen und gemeinsam in Erinnerungen zu schwelgen, oder Sie lenken ab und wechseln das Thema möglichst sanft. Lesen Sie dazu auch im Kapitel 4 weiter!

Demenzgerecht kommunizieren – nehmen Sie sich Zeit!

Es ist gar nicht so selten, dass pflegende Angehörige verstummen – und zwar nicht, weil auch ihnen die Worte fehlen, sondern weil sie zunehmend das Gefühl haben, sich auf einem kommunikativen Minenfeld zu bewegen.

Genießen Sie gerade die erste Phase der Demenzerkrankung, denn nun sind Gespräche noch möglich, und Sie haben die Wahl, ob Sie über die Gegenwart oder über die Vergangenheit reden möchten.

Ab der zweiten Phase werden Gespräche über tägliche Probleme immer schwieriger und seltener. Die gedankliche Reise geht zurück in die Vergangenheit, und je weiter die Erkrankung fortschreitet, desto weiter zurück reicht diese geistige Reise. Betroffene Angehörige beginnen dann auch unter Umständen, in einem Dialekt oder einer Fremdsprache zu reden, die sie in ihrer Kindheit gesprochen haben. Das kann dann schon richtig kompliziert werden.

Halten Sie sich stets vor Augen, dass das Gehirn nun mehr Zeit braucht, um Informationen zu verarbeiten. Deshalb sollten Sie sich in Geduld üben, wenn ein Gespräch zustande kommt. Sich ein langsameres Sprechtempo anzugewöhnen braucht Geduld. Bei Senioren ohne Demenz braucht es auch ein bisschen länger (im Durchschnitt fünf Sekunden), bis sie auf Fragen eine Antwort geben. Bei Senioren mit Demenz können es schon 15 bis 20 Sekunden sein.

Positive Bestätigungsphrasen

Anerkennung vermitteln:
Fantastisch, interessant, wunderbar, toll; prima, dass du das kannst, ist toll!

Mitgefühl vermitteln:
Das ist ja spannend, unglaublich, das hätte ich nicht gedacht, wie ärgerlich, wie schlimm für dich, wie schade für dich, na sowas!

Zum Weitersprechen animieren:
Das ist schön zu hören, und dann? Hast du gut gemacht! Und wie ging es weiter? Herrjemine.

Ungeduld ist also völlig fehl am Platz. Nutzen Sie die Zeit besser dazu, sich schon eine positive Erwiderung oder Bestätigung einfallen zu lassen. Im Gespräch mit betroffenen Angehörigen geht es zwar um den Austausch von Informationen, aber eben auch um die Gelegenheit, Wertschätzung zu vermitteln.

Kommunikation geht auch anders

Ohne Worte kommunizieren? Das ist eigentlich ganz einfach, denn viele Botschaften lassen sich auch ganz ohne Worte vermitteln. Berühren, streicheln, in den Arm nehmen, die Hand halten sind sehr direkte Wege der Verständigung. Körperliche Zuwendung vermittelt größere Nähe als jedes Gespräch, gerade in Bezug auf Menschen, die an Demenz erkrankt sind.

Stellen Sie sich vor, Sie sind in einem fremden Land und verstehen die Sprache nicht. Sie sind verunsichert, vielleicht macht diese Situation Ihnen auch Angst. Doch die Einheimischen sind freundlich, sie lächeln, machen verbindliche Gesten und sprechen mit angenehmer Stimmlage. Sie fassen Vertrauen.

Es könnte natürlich auch ganz anders sein: Die Einheimischen schauen misstrauisch, gestikulieren wild mit den Händen und reden laut und hektisch auf Sie ein. Sie bekommen Angst.

Diese zwei Beispiele sollen Ihnen verdeutlichen, was man schlicht so zusammenfassen kann: *Der Ton macht die Musik* und *ein Lächeln sagt mehr als tausend Worte.* Seien Sie gewiss: Verstehen funktioniert auch mit wenigen Worten.

Sprechen Sie laut, wird der Angehörige, der an Demenz erkrankt ist, das unter Umständen als Wut interpretieren. Verbunden mit einer angespannten Körpersprache, die Ungeduld und Unruhe suggeriert, wird es den betroffenen Angehörigen zudem verunsichern.

Um sich in die Gefühlswelt eines Gegenübers hineinzuversetzen, spiegelt man ganz automatisch die Körpersprache des anderen. Die Demenz ändert an diesem Verhalten nichts, und so überträgt sich schlechte Laune von einem auf den anderen. Freundlichkeit und ein Lächeln hingegen öffnen Herzen und sind Balsam für die Seele.

Also:

1. Wenden Sie sich bewusst dem betroffenen Angehörigen zu.
2. Begeben Sie sich auf Augenhöhe und sprechen Sie nicht von oben herab. Stellen Sie Blickkontakt her, sodass Sie sich der Aufmerksamkeit sicher sind.

3. Bevor Sie sprechen, achten Sie auf einen entspannten Gesichtsausdruck. Versuchen Sie stets, Ruhe und Freundlichkeit auszustrahlen.
4. Achten Sie auf Ihre Stimme, vor allem den Tonfall und die Intonation. Sprechen Sie nicht zu schnell, aber auch nicht zu langsam, sonst verliert der Angehörige den *Faden*.
5. Seien Sie sich stets Ihrer Körperhaltung, der Hand- und Armbewegungen bewusst. Das bedeutet beispielsweise, dass Sie, wenn es sich anbietet, zeigen, worum es geht.
6. Der Angehörige soll vielleicht den Abfall hinausbringen. Zeigen Sie also auf den Abfalleimer und begleiten Sie die Aufforderung mit einer entsprechenden Handbewegung.
7. Bedanken Sie sich, wenn Ihr Angehöriger Sie verstanden hat.

Die Basis der Verständigung: Einfache Fragen stellen

Wenn man sich einmal bewusst macht, wie viele Fragen man im Laufe eines Tages stellt, könnte man das Gefühl haben, dass es nicht ohne geht. Besser wäre es allerdings, ohne viele Fragen auszukommen, denn Fragen zu beantworten erfordert eine komplexe Hirnleistung, zu der Menschen mit Demenz oft nicht mehr in der Lage sind.

Am besten stellt man nur ganz einfache Fragen, zum Beispiel Wer?, Wo?, Was? oder Wann? Oder man formuliert so, dass es für den betroffenen Angehörigen nur die Wahl zwischen zwei Alternativen gibt. Also *»Möchtest du Apfelsaft oder Orangensaft?«* und nicht: *»Welchen Saft möchtest du?«* Wichtig ist es, die Antwort kurz zu bestätigen und im Idealfall auch zu wiederholen.

Fragen, die mit *warum* beginnen, sollten nie gestellt werden. Das *Warum* zu erfragen appelliert an höhere Gehirnleistungen, die die Denkfähigkeit eines Angehörigen mit Demenz überfordern. Die Fragen nach Ursachen und Hintergründen bringen betroffene Angehörige nur unnötig in Verlegenheit. Sie fordert Erklärungen ein, die es oft nicht so einfach gibt.

Wenn man ehrlich ist, dann geht es ja jedem Menschen so. Warum-Fragen drängen den Befragten in eine Verteidigungsposition. Man bekommt das Gefühl, sich rechtfertigen zu müssen. Ja, schlimmer noch: Warum-Fragen können als Angriff wahrgenommen werden und den betroffenen Angehörigen in Rage bringen.

Umgekehrt, wenn der Angehörige Sie nach dem *Warum* fragt, beschwichtigen Sie. Anstatt sich eine komplexe Antwort auszudenken, achten Sie mehr auf eine beschwichtigende Aussage. Selbst wenn Sie gar nicht wissen, worauf die Frage abzielt, vermeiden Sie Nachfragen wie *Was meinst du?* Ein bestätigendes Nicken genügt völlig.

Wenn Fragen immer wieder gestellt werden, kann das sehr nervtötend sein. Aber: Sich aufzuregen nutzt nichts. Besser ist es, ab und zu die Ohren mal auf Durchzug zu stellen. Allerdings kann man sich natürlich überlegen, warum die Fragen immer wieder gestellt werden. Vielleicht ist ja die Antwort nicht zufriedenstellend oder der Angehörige möchte etwas ganz anderes wissen als das, was Sie bislang preisgegeben haben.

So oder so sind Fragen für Menschen mit Demenz extrem anstrengend. Auch wenn Sie noch so sehr daran interessiert sind, etwas zu erfahren, halten Sie sich besser zurück. Alternativ können Sie *aktives Zuhören* ausprobieren. Dabei engagieren Sie sich durch Bestätigungsphrasen (siehe oben) oder wohlwollendes Kopfnicken im Gespräch. Zusätzlich vermittelt ein gezielter Einsatz von Gefühl, Mimik, Gestik und unterschiedlichen Tonlagen Wertschätzung und Anerkennung.

Ganz praktisch: Erinnerungsstützen richtig einsetzen

In der zweiten Phase der Demenz lässt das Gedächtnis immer mehr nach. Im Gegenzug geht die Fähigkeit, durch erklärende Gespräche die zahllosen Defizite aufzufangen, verloren. Viele Missverständnisse lassen sich durch richtig eingesetzte Erinnerungsstützen auflösen oder es lassen sich Verwirrungszustände vermeiden. Gut ist, dass die Lesefähigkeit erst später nachlässt, sodass die schriftliche Kommunikationsebene noch eine Weile erhalten bleibt.

Zettel und Pläne

Machen Sie Pläne! Und zwar insofern, als dass Sie einen wöchentlichen Übersichtsplan erstellen, auf dem alle Aktivitäten, die den betroffenen Angehörigen angehen, aufgeführt sind. Solche Informationen zum Tagesablauf bieten wertvolle Orientierungshilfe.

Sehr hilfreich sind Zettel mit Antworten auf immer wiederkehrende Fragen, die einen Menschen, der unter Demenz leidet, häufig beschäftigen. Diese Zettel können zum Beispiel am Kühlschrank oder an einer Zimmertür kleben, sodass man sie im Vorübergehen lesen kann.

Familienposter

Gestalten Sie eine Wandtafel mit Fotos aller Menschen, die zum Haushalt gehören. Schreiben Sie jeweils den Namen darunter und eine kurze Beschreibung der signifikanten Tätigkeiten oder der Beziehung zum betroffenen Angehörigen. Auch Haustiere gehören mit auf das Poster.

Erinnerungsbuch

Viele wichtige Ereignisse und schöne Momente verschwinden irgendwann aus dem Gedächtnis. Gegen das Vergessen kann ein Erinnerungsbuch helfen: Erstellen Sie eine Art kommentiertes Fotoalbum, das an schöne Momente erinnern soll. Beschreiben Sie kurz, um welche Situation es sich gehandelt hat, wer auf dem Foto zu sehen ist und was als Anlass des Fotos so Besonderes war. Solch ein Erinnerungsbuch darf nicht zu kleinteilig sein, sonst bereitet das Anschauen mehr Stress als Vergnügen.

Mit dem Erinnerungsbuch schaffen Sie auch für externe Pflegekräfte eine Grundlage zur Kommunikation.

Betroffene Angehörige liebevoll unterstützen

Die Kommunikation mit betroffenen Angehörigen folgt besonderen Regeln; sich diese immer wieder vor Augen zu führen ist besonders wichtig. Im Einzelnen geht es um …

Hören und Aufmerksamkeit erwecken

In den meisten Fällen gibt es keinen direkten Zusammenhang zwischen einer Demenzerkrankung und nachlassendem Hörvermögen. Wenn betroffene Angehörige während eines Gesprächs *abschalten,* dann liegt es zumeist daran, dass sie entweder überfordert sind oder aber schlicht unter Altersschwerhörigkeit leiden. Lassen Sie also zunächst einmal das Hörvermögen testen und unter Umständen ein Hörgerät anpassen.

Aber Menschen mit Demenz brauchen im Verlauf der Krankheit immer mehr Zeit und Ruhe, um über den nächsten Schritt oder eine mögliche Antwort nachzudenken. Daran sollten Sie stets denken und entsprechend geduldig sein.

Geduld ist ein gutes Stichwort: Wer ungeduldig wird, spricht automatisch lauter als normal. Besser ist es jedoch, für eine ruhige Umgebung zu sorgen, beispielsweise indem kein laufender Fernseher oder Ähnliches im Hintergrund das Gespräch stört.

Mehr Aufmerksamkeit können Sie herstellen, wenn Sie Ihren Angehörigen namentlich ansprechen. Stellen Sie vor jedem Gespräch Blickkontakt her und begeben Sie sich auf Augenhöhe. Bewegen Sie sich nicht um den Angehörigen herum oder von ihm weg, sondern bleiben Sie im Blickfeld.

Ganz wichtig: Machen Sie nicht zwei Dinge gleichzeitig, sondern eins nach dem anderen. Betroffene Angehörige sind oft schnell überfordert, wenn Sie Ihnen beispielsweise beim Anziehen helfen und gleichzeitig Fragen stellen.

Verstehen und erinnern

Nähe und Zuwendung sind oft wichtiger als das eigentliche Gespräch. Dabei fragen Sie sich sicherlich immer wieder, wie viel von dem, was Sie sagen, auch wirklich verstanden und vielleicht später erinnert wird. So gern würde man doch Momente schenken, die bleibenden Wert haben.

Das ist wenig realistisch, deshalb steht das Hier und Jetzt im Vordergrund. Eine klare Kommunikation ist die Basis für das Verstehen. Wichtig hierfür ist unter anderem:

- Kurze, deutlich artikulierte Sätze werden beispielsweise besser verstanden als lange und komplizierte Ausführungen.
- Stellen Sie nur dann Fragen, wenn es unbedingt notwendig ist. Offene Frage, also solche, die mehrere Antworten zulassen, überfordern den Angehörigen. Am besten funktionieren Fragen, die mit »ja« oder »nein« beantwortet werden können oder bei denen es nur zwei Alternativen gibt. Wenn überhaupt, dann fragen Sie Was?, Wer?, Wie? oder Wo?, aber niemals Warum?.

Viele Pflegende neigen dazu, alles und jedes, was sie tun, zu kommentieren. Ob das sinnvoll ist, muss von Fall zu Fall entschieden werden. Allerdings ist es gut, wenn man erklärt, was man vorhat, bevor man etwas tut. Und ein bestimmtes, erwünschtes Verhalten sollte immer angekündigt, erklärt und im gleichen Zusammenhang angeregt werden.

Wiederholen Sie wichtige Informationen und verwenden Sie dabei stets dieselbe Formulierung. Im besten Fall entwickeln sich daraus Muster, die (zumindest eine Zeit lang) besser erinnert werden können.

Eine respektvolle Kommunikation geht am leichtesten, wenn Gefühle erzeugt und mittransportiert werden. Stellen Sie einfache Fragen wie: Wie geht es dir gerade? Was siehst du? Hörst du den Hund, der draußen bellt? Gefällt dir das Kinderlachen? Riechst du die Blumen, die im Garten blühen? Wie hat dir das Essen geschmeckt?

Stellen Sie allerdings nicht zu viele solcher Fragen auf einmal, sondern erzählen Sie auch von sich selbst. Vermeiden Sie dabei Ironie oder übertragene Bedeutungen – das verstehen Menschen mit Demenz nicht mehr.

Knüpfen Sie an frühere Interessen, Gewohnheiten und Vorlieben an. Allerdings sollten es positiv besetzte Erinnerungen sein, also solche, die dem Angehörigen ein gutes, selbstbestätigendes Gefühl vermitteln. Keinesfalls sollte dabei der Verlust im Mittelpunkt stehen. Auch bei gemeinsamen Erinnerungsreisen sollten Sie sich auf unproblematisches Terrain begeben. Versuchen Sie herauszufinden, wo der Erkrankte sich gerade befindet. Bedenken Sie stets: Er lebt in seiner eigenen Welt, sie ist für ihn real. Sie können versuchen, ihm zu folgen. Wenn Sie sich darauf einlassen, können Sie vieles über sein Leben erfahren.

Benutzen Sie, wann immer möglich, Gedächtnisstützen, so wie sie weiter oben beschrieben wurden. Wenn Sie dem betroffenen Angehörigen in seine Welt folgen, kann das ein verwirrendes und seltsames Erlebnis sein. Unwirkliche Situationen und unerwartete Gedankensprünge strapazieren dabei das Einfühlungsvermögen. Selbst wenn Sie nichts von dem, was er erzählt, nachvollziehen können, widersprechen Sie ihm am besten nicht.

Bestätigen und korrigieren

Betroffene Angehörige brauchen wie wir alle Bestätigung. Die Krankheit erfüllt sie mit Angst, Scham und macht sie unsicher. Kritik nehmen sie stets persönlich und werten sie zumeist auch als Angriff.

Selbst wenn es manchmal schwerfällt: Sprechen Sie über Dinge, die Ihre betroffenen Angehörigen gut gemacht haben. Schlucken Sie Kritik herunter und kommentieren Sie nicht alles. Räumen Sie beispielsweise falsch abgelegte Dinge stillschweigend an ihren richtigen Platz. Es hat einfach keinen Sinn, daraus einen Vorwurf werden zu lassen.

Im Gegenzug bedeutet es leider auch, dass Sie vieles Herunterschlucken müssen, was Ihnen so serviert wird. Anschuldigungen und Vorwürfe sollten Sie nicht allzu persönlich nehmen, denn diese sind oft Ausdruck von Hilflosigkeit und Frustration. Lassen Sie einen Moment verstreichen und wechseln Sie dann das Thema.

Es ist jedoch schwierig, immer gut gelaunt und heiter durch den Tag und über mögliche Anfeindungen hinwegzugehen. Natürlich verletzt es Sie, wenn Sie trotz aller Bemühungen mit derben Worten beschimpft werden. Doch Schreien nützt nichts, es macht alles nur noch schlimmer. Sorgen Sie für sich selbst, indem Sie sich regelmäßig Auszeiten nehmen.

Wenn nötig, dann korrigieren Sie so unauffällig wie möglich. Sprechen Sie nicht (auch nicht im Flüsterton) schlecht über den Angehörigen.

Oft hilft es, wenn man sich auf neutrales Terrain begibt: So lassen sich Situationen entschärfen, wenn man sich auf die eigene Wortwahl konzentriert. Vermeiden Sie tadelnde Worte wie *doch*, *immer*, *nie und eigentlich*. Gerade dieses *eigentlich* wird häufig eingesetzt und führt das Gesagt zugleich ad absurdum. All diese kleinen (völlig überflüssigen) Attribute erzeugen beim betroffenen Angehörigen Angst, Scham und Unsicherheit.

Richtiger Ton und richtige Haltung

An manchen Tagen ist man zu schnell versucht, über den Kopf des Angehörigen hinweg zu entscheiden. Gehen Sie nicht zu schnell davon aus, dass er seine Situation nicht durchschaut. Zeigen Sie ihm auch nonverbal, dass Sie es gut mit ihm meinen. Achten Sie dabei auf seinen Gesichtsausdruck, seine Körperhaltung, um sich zu vergewissern, dass er mit dem, was Sie vorhaben, einverstanden ist.

Verstehen ohne Worte

Das Sprechen fällt schwerer, die Worte ergeben irgendwann keinen Sinn mehr. Trotzdem sollten Sie mit dem betroffenen Angehörigen reden – und zwar so entspannt wie möglich. Auf Ihre Fragen werden Sie jetzt unter Umständen keine Antwort mehr erhalten.

Schnell ist man versucht, nur um des lieben Friedens willen, eine Aussage zu bestätigen, selbst wenn man sie nicht wirklich verstanden hat. Wiederholen Sie stattdessen das, was Sie verstanden haben. Sie merken schnell an der Reaktion Ihres Gegenübers, ob Sie auf der richtigen Spur sind. Auch wenn es keine richtige Gebärdensprache ist, so kann man doch mithilfe der Gestik einiges ausdrücken. Menschen mit Demenz fühlen sich zumindest ernst genommen, wenn man auf ihre Handzeichen reagiert.

Versuchen Sie Gefühle zu entdecken, die dem Gesagten oder Gezeigten zugrunde liegen können. Zumindest in einigen Fällen kann das funktionieren und ist für beide Seiten befriedigend.

Und selbst wenn der betroffene Angehörige nicht mehr sprechen kann, zeigen Sie ihm, dass Sie ihn und seine Gefühle verstehen und anerkennen.

KAPITEL 2

Demenz in den Alltag integrieren

Im Alter lassen nicht nur die körperlichen Kräfte nach, auch der Geist wird in Mitleidenschaft gezogen. Die Menschen sind vergesslich und manchmal verwirrt, können sich nicht mehr richtig konzentrieren und werden deshalb zunehmend ungeduldig mit sich selbst. Sie neigen zu Übertreibungen wie: »Ständig vergesse ich irgendetwas. Laufe von einem Zimmer ins andere und habe dabei schon wieder vergessen, was ich eigentlich gesucht habe.« Die öffentliche Wahrnehmung von Demenzerkrankungen macht älteren Menschen Angst, auch daran erkrankt zu sein. Gerade diese permanente Sorge führt dazu, dass die *ganz normale Vergesslichkeit* häufig überbewertet wird.

Nicht jede Gedächtnisschwäche ist gleich eine Demenz, und nicht jede Demenz ist gleich auch Alzheimer. Nur macht die Angst davor alles nur noch viel schlimmer. Nun ist ein demenzielles Syndrom keine reine Alterserkrankung. Manche trifft es schon früher, noch dann, wenn sie voll im Berufs- und Familienleben stehen. Doch ganz häufig ist es eben auch so, dass Rentenantritt und Diagnosestellung nah beieinanderliegen oder eben scheinbar einander bedingen.

Dann, wenn die Herausforderungen und die Abläufe eines Berufsalltags fehlen, klafft eine Lücke im Alltag, die allerlei Raum gibt für unnütze Gedanken. Da stellt sich natürlich die Frage, was noch normal ist – und was auf ein demenzielles Syndrom hindeutet.

So genau wissen möchte man es einerseits oft nicht. Andererseits gilt es, die Zeit zu nutzen, um einer festgestellten Krankheit die Stirn zu bieten, solange man es noch kann.

Nur ein bisschen tüdelig oder schon dement?

Das Altern ist ein kontinuierlicher Prozess der Veränderung. Davon sind auch die Sinne und der Geist betroffen. Wenn das Gehirn älter wird, werden die Reaktionen langsamer. Es sterben Gehirnzellen ab, und Verbindungen zwischen den Hirnzellen werden gekappt. Das ist nicht krankhaft, sondern in gewissen Rahmen sogar normal. So nimmt mit fortschreitendem Alter das Gehirn an Größe, Umfang und Gewicht ab. Der Hauptgrund liegt im Niedergang von Hirnzellen. Im Gegensatz zu anderen Körperzellen haben Hirnzellen nämlich nur eingeschränkt die Fähigkeit der Erneuerung. Das führt etwa ab dem 40. Lebensjahr zu einem Gewichtsverlust des Gehirns.

Warnzeichen einer demenziellen Erkrankung

1. Sozialer Rückzug.
2. Alltagsprobleme treten auf, zum Beispiel achten Betroffene weniger auf Hygiene und saubere Kleidung.
3. Verlieren und Verlegen von Gegenständen, die dann an den unmöglichsten Orten wiedergefunden werden.
4. Verlust des Zeitgefühls.
5. Angst vor Dunkelheit.
6. Fehlendes Zurechtfinden in unbekannter Umgebung.
7. Leichtgläubigkeit gegenüber Fremden.
8. Beim Einkaufen werden Dinge vergessen – andere doppelt gekauft.
9. In Gesprächen werden gleiche Inhalte wiederholt, erste Wortfindungsprobleme.

Doch auch wenn sich das alles dramatisch anhört, beeinträchtigt der Verlust die Hirnleistung kaum, denn es scheint weniger auf die Anzahl der Hirnzellen anzukommen als auf die Verbindungen, die noch bestehen. Und je mehr und je intensiver das Gehirn trainiert wird, desto komplexer und effektiver arbeiten diese Verknüpfungen. Das könnte erklären, warum *geistig rege Senioren* mit höherem Bildungsniveau zwar nicht seltener am demenziellen Syndrom erkranken, aber die Krankheit an sich später offensichtlich wird.

Allerdings ist sich die Wissenschaft auch einig, dass mentale Prozesse mit zunehmendem Alter insgesamt langsamer ablaufen. Bei einer Diagnose wird deshalb unter anderem auch auf den Unterschied zwischen *normaler Altersvergesslichkeit* und *beginnender Demenz* geachtet.

Ältere Menschen gehen ganz unterschiedlich mit nachlassenden Fähigkeiten um. Die einen verschleiern die Defizite so gut und so lange es nur geht; die anderen machen sich schon frühzeitig und sehr präzise Gedanken zumindest um die *nahe* Zukunft. Schlussendlich sind es zumeist die Angehörigen und Lebenspartner, die zu einer diagnostischen Abklärung raten.

Völlig losgelöst – was vom Alltag übrig bleibt

Die Bewältigung des alltäglichen Lebens ist von Routine und immer wiederkehrenden Tätigkeiten geprägt: Ein fester Rahmen also, der ausreichend Orientierung und Sicherheit vermittelt. Steht nun eine Demenz im Raum, so beginnen alle Beteiligten – Betroffene wie deren Angehörige – dieses Konstrukt infrage zu stellen. Nun wird natürlich kein Mensch von einem Augenblick zum nächsten dement, doch die Diagnosestellung allein bewirkt, dass sich die Verhältnisse verschieben. Die Sorge um die Zukunft gewinnt eine neue Dimension.

Sorge ums Geld

Gerade Angehörige, die sich kümmern, sehen sich häufig auch mit existenziellen Problemen konfrontiert. Die Pflege von Angehörigen, die an Demenz erkrankt sind, wird im Lauf der Zeit zum Full-Time-Job. Kommen dann noch Geldsorgen hinzu, ist das Maß des Erträglichen schnell erreicht.

Viele pflegende Angehörige haben selbst bereits das Rentenalter erreicht und dementsprechend sind die finanziellen Ressourcen begrenzt. Hinzu kommt natürlich noch die finanzielle Unterstützung der Pflegekasse; allerdings lassen sich damit auch keine großen Sprünge machen.

Schon in der ersten Phase der Demenz stellt man häufig fest, dass sich das Verhältnis zum Geld verändert. Die betroffenen Angehörigen werden geiziger oder großzügiger, auf alle Fälle werden sie leichtgläubiger, was finanzielle Belange angeht. Häufig fällt zu Beginn auf, dass sie den Umgang mit Münzen nicht mehr so gut beherrschen. Dennoch ist Geld nicht nur ein Zahlungsmittel, sondern steht auch für sozialen Status und Selbstwertgefühl. Es hat auch etwas mit Sicherheit zu tun und deshalb hüten viele Menschen mit Demenz ihr Portemonnaie wie einen Augapfel. Doch was macht man, wenn man feststellen muss, dass der betroffene Angehörige zu leichtfertig mit Geld umgeht oder es versteckt und anschließend nicht mehr findet?

- Erst einmal sollte man dafür sorgen, dass nicht so viel Bargeld da ist, sodass nur kleine Summen *verloren* gehen können.
- Wenn es eine Vorsorgevollmacht gibt, hat man als Angehöriger einige Möglichkeiten, darunter auch die, mit der Bank zu besprechen, dass der Betroffene nur begrenzt Geld abheben kann.

Ansonsten kann es unter Umständen notwendig sein, beim Amtsgericht eine rechtliche Betreuung für den Finanzbereich zu beantragen. Besser wäre es natürlich, wenn man rechtzeitig eine Vorsorgevollmacht erteilt hat Lesen Sie mehr dazu in Kapitel 6.

Sorge um den Wohnraum

Viele Senioren möchten gern in den eigenen vier Wänden bleiben, und selbst wenn sie an Demenz erkranken, scheint die gewohnte Umgebung auf den ersten Blick extrem wichtig. Es stellt sich natürlich die Frage, ob man sich dies auch weiterhin leisten kann. Die zweite Frage ist selbstverständlich – wenn der betroffene Angehörige bislang allein gelebt hat – wie lange das noch gut gehen kann.

Alte Bäume zu verpflanzen ist hinlänglich schwer. Ob ein Wohnungs- oder Wohnortwechsel überhaupt zur Diskussion stehen sollte, hängt zum Beispiel davon ab, wie gut eingebunden die Eltern (oder der allein lebende Betroffene) in ihrem Umfeld sind. Wenn sie einen großen Freundeskreis haben, wäre es eher ungünstig, sie dort rauszureißen. Aber es gibt auch Menschen, die relativ unverbunden dort leben, wo sie sind, und eher dort verwurzelt sind, wo die Kinder ihr Zuhause haben.

Im Hinblick auf die Zukunft (mit all ihren Herausforderungen) ist eine gewisse Vertrautheit und die Möglichkeit, Kontakt zu haben, sehr wichtig. Man sollte es sich aber auf jeden Fall sehr genau überlegen, ob man (für den Fall, dass der betroffene Angehörige ein Elternteil ist) ihn in die eigene Wohnung aufnehmen will. Denn eine Demenz schreitet fort, es bleibt nicht beim Ist-Zustand, und sie führt dann zu starken Belastungen. Da müssen die räumlichen Voraussetzungen schon sehr gut sein, und auch die eigene Lebenssituation muss das erlauben.

Gesetzt den Fall, dass alles so bleiben soll, wie es ist, muss die Wohnung unter Umständen neu und vor allem hell gestaltet werden. Denn zu wenig Licht im Wohnbereich löst bei den betroffenen Angehörigen schneller negative Stimmungen aus. Eine unkomplizierte Lösung ist es beispielsweise, alle Lichtquellen gegen solche auszutauschen, die ein höheres Strahlungsvermögen haben. Mehr Informationen über eine demenzgerechte Umgebung finden Sie weiter unten und in Kapitel 3.

Was bei einer Demenz mit der Bewältigung des Alltags passiert

Eine Krankheit in den Alltag zu integrieren ist nicht leicht. Am liebsten wäre es den meisten, wenn alles so bleibt wie es ist. Dies ist aber oft ein frommer Wunsch, der sich insbesondere bei einer Demenzerkrankung langfristig kaum erfüllen lässt. Die Zukunft ist ein ungewisser Ort, und es ist individuell verschieden, wie lange sich das Fortschreiten der Erkrankung hinauszögert.

Dreh- und Angelpunkt der Alltagsbewältigung ist das Erinnerungsvermögen. Neues lernen können betroffene Angehörige nicht mehr; Verbliebenes erhalten fällt hinlänglich schwer. Die Krux liegt in der Übertragung aktueller Informationen vom Kurzzeit- ins Langzeitgedächtnis. Dazu muss man wissen, dass alles, was wir an Eindrücken aufnehmen, nur für maximal 30 Sekunden im Kurzzeitgedächtnis gespeichert wird. In dieser kurzen Zeitspanne versucht das zuständige Areal im Gehirn, Verknüpfungspunkte im Gedächtnis zu finden, und anhand derer wird entschieden, ob dieser neue Input es wert ist, im Langzeitgedächtnis gespeichert zu werden – oder eben nicht. Inhalte, zu denen es keine Verknüpfungspunkte gibt, werden vergessen. Bei einer Demenzerkrankung gehen eben diese wichtigen Verknüpfungspunkte verloren, das Kurzzeitgedächtnis wird zu einem Sieb, durch das alles hindurchfließt und nur weniges wirklich *hängen bleibt*.

Die erste Phase wird im medizinischen Fachjargon als *kognitive Phase* bezeichnet. Sie ist geprägt vom Suchen nach Dingen und dem Ringen nach Worten. Die betroffenen Angehörigen spüren genau, dass etwas im Gange ist. Das wirkt bedrohlich und macht Angst. Die deutlichen Erinnerungslücken werden noch bewusst wahrgenommen, was irgendwie unheimlich erscheint.

Kontrollverlust

Immer öfter werden Dinge vergessen, die man sich bislang problemlos merken konnte. Der Name der Nachbarin; der Urlaubsort, den man jahrelang besucht hat; der Geburtstag der Enkelin. Der Betroffene spürt, dass etwas nicht stimmt, und erfindet allerlei Ausreden dafür, wenn die gewünschte Information nicht prompt abrufbar ist. Er befürchtet, die Kontrolle zu verlieren.

Nachlassende Merkfähigkeit

Immer öfter werden Dinge verlegt und dann erfolglos gesucht. Wenn man sie findet, dann an den unmöglichsten Stellen. Wie sie dort hingekommen sind? Keine Ahnung. Genauso ist es mit Plänen: Man schmiedet sie mit großer Sorgfalt und *»schwups«* sind sie weg.

Fehler machen und Ausreden erfinden

Der Betroffene findet es extrem ärgerlich, dass andere ihn immer häufiger auf Fehler aufmerksam machen. Manchmal gelingt es ihm noch zum Beispiel über falsch gewählte Worte zu lachen, meistens jedoch kocht er innerlich vor Wut über sich selbst. Gerne schiebt er anderen (zumeist Angehörigen) die Schuld dafür zu. Doch das Verleugnen ist nur ein Zeichen für die innere Verzweiflung.

Kleine Lügen, erfundene Ausreden, ausweichende Antworten oder geschickte Gegenfragen sind die Mittel der Verteidigung gegen ein immer schlechter werdendes Gedächtnis. Mit solch unvermittelter Schlagfertigkeit versuchen Betroffene, der Demenz ein Schnippchen zu schlagen, in der Tat jedoch schlagen sie dadurch andere Menschen vor den Kopf.

Gedächtnis aus Papier

Was man schwarz auf weiß besitzt … Sie kennen den Spruch. Gerade in dieser ersten Demenzphase bauen sich betroffene Angehörige Brücken und verwenden Gedächtnisstützen. Sie fertigen To-do-Listen an und schreiben Einkaufszettel, notieren akribisch Verabredungen und Termine. Ihre größte Sorge ist, etwas zu vergessen. Das *Gedächtnis aus Papier* soll ihnen helfen, die Selbstständigkeit zu bewahren.

Delegieren und regieren

Einerseits fordert die beginnende Demenz die Unterstützung von anderen Menschen ein, andererseits möchten betroffene Angehörige das Zepter (verständlicherweise) nicht aus der Hand geben. Deshalb delegieren sie großzügig wichtige Aufgaben (wie beispielsweise Bankgeschäfte) an nahe Angehörige. Dieses Verschieben der Verantwortlichkeiten ist allerdings nur eine Strategie, das eigene Versagen, die Überforderung zu verbergen. Weil dem betroffenen Angehörigen bewusst wird, dass er ohne Unterstützung nicht mehr klarkommt, vereinnahmt er Sie nach und nach komplett für sich.

Das Problem ist, dass an Demenz erkrankte Menschen die Freiheit, die sie in dieser ersten Phase der Demenz haben, nicht mehr genießen können, weil sie zunehmend Begleitung brauchen; andererseits wollen sie die Regie über das eigene Leben nicht abgeben.

Beeinträchtigungen in der ersten Phase der Demenz

1. Verminderte Merkfähigkeit,
2. vertraute Dinge werden verlegt,
3. Leistungsverschlechterung im Beruf und bei gesellschaftlichen Anlässen,
4. Beeinträchtigungen werden nur im intensiven Gespräch erkennbar,
5. Verabredungen werden vergessen,
6. fehlende Orientierung in unbekannter Umgebung,
7. Wortfindungsstörungen.

Die zweite Phase der Demenz ist von zunehmender Verwirrung und mit Verhaltensveränderungen verbunden. Die Demenz lässt sich nicht mehr leugnen oder überspielen. Das Gedächtnis lässt die Betroffenen immer öfter im Stich. Die Erinnerung an kürzlich Passiertes wird zunehmend lückenhafter. Es fehlen immer mehr Anknüpfungspunkte, die so wichtig sind, um Informationen aus dem Kurzzeitgedächtnis ins Langzeitgedächtnis zu übertragen. Komplexe Tätigkeiten, die zur Bewältigung des Alltags notwendig sind, gehen verloren. Der betroffene Angehörige verliert den Bezug zu Zeit und Raum – und das ist ganz wortwörtlich gemeint.

Fehlende Orientierung in Raum und Zeit

Der betroffene Angehörige weiß oft nicht mehr, welcher Tag gerade ist. Die korrekte Uhrzeit verliert an Bedeutung. Da sich der Tag-Nacht-Rhythmus verschieben kann, kommt nächtliches Umherirren (in der Annahme, es sei schon Tag) hinzu. Die Orientierung, die zunächst nur in unbekannter Umgebung aufgetreten ist, überträgt sich in den eigenen Wohnbereich – anfangs nur phasenweise, dann permanent.

Konfabulieren

Zu Beginn der zweiten Phase versuchen betroffene Angehörige, ihr Dilemma zu überspielen. Wenn er nicht weiß, wo er gerade ist und um was es eigentlich geht, ersetzt er seine Ahnungslosigkeit durch erfundene Geschichten und schlichte Fantasie. Dieses Verhalten nennt man *konfabulieren.* Nahe Angehörige oder fremde Personen können dadurch den Eindruck gewinnen, mit dem an Demenz Erkrankten sei alles in Ordnung. Diese gespielte Fassade kostet allerdings unheimlich viel Kraft, und nicht selten folgt einem solchen Auftritt die große Erschöpfung.

Halt suchen

Motorisch sehr aktive Phasen des Herumwanderns gehören ebenfalls dazu. Typisch ist das Suchen nach bestimmten Gegenständen (wie beispielsweise Portemonnaie oder Schlüssel), die in gewisser Weise Halt und Sicherheit vermitteln. Dieses *Halt suchen* dauert nur eine Weile an, nämlich so lange, wie der Betroffene noch gewisse Dinge als sein Eigentum erkennt. Gegen Ende der zweiten Phase kommt es dann häufiger vor, dass er selbst geliebte Gegenstände mit *das ist nicht meins* ablehnt.

Perseverieren

Als *Perseverieren* wird ein Verhalten bezeichnet, das das ständige Wiederholen von Worten, Sätzen, Handlungen und Bewegungen beschreibt. Solche Tics können pflegenden Angehörigen ziemlich auf die Nerven gehen. Was dahintersteckt, ist der verzweifelte Versuch des betroffenen Angehörigen, das, was er kann und weiß, nicht zu verlieren. Die Krankheit wird zum Feind, dem mit allen Mitteln Paroli geboten werden muss.

Unkontrollierbare Gefühle

Viele Betroffene fühlen sich bedroht, und dabei entstehen unkontrollierte Gefühlsausbrüche. Dabei handelt es sich nicht unbedingt um solche, die mit aktuellen Geschehnissen verknüpft sind. Oft liegt sogar das, was die Betroffenen gerade aufregt, schon Jahre zurück. In dieser Phase treten alte Konflikte – auch innerhalb der Familie – wieder offen zutage.

Apraxie

Der Begriff *Apraxie* wird umgangssprachlich als *Werkzeugstörung* bezeichnet. Für den Alltag ist es am häufigsten der Gebrauch von Besteck, Geschirr oder Gegenstände zur Hygiene, der verloren geht. Im Frühstadium macht die Handhabung einfacher Haushaltsgeräte oder technischer Geräte Probleme, später sind alle möglichen Alltagsgegenstände plötzlich fremd und unheimlich. Ein *Nicht-essen-Wollen* kann Ausdruck einer apraktischen Störung sein, bei der der Betroffene vor dem gefüllten Teller sitzt, aber nicht weiß, wie er das Besteck handhaben soll.

Apraxie hat nichts mit einer gestörten Motorik zu tun, sondern der Betroffene hat schlicht vergessen, wie man bestimmte Dinge benutzen sollte. Dadurch werden komplexe Handlungsabläufe, wie sie im Alltag unerlässlich sind, plötzlich unmöglich.

Herausfordernde Verhaltensweisen

Im Verlauf dieser Phase kommt es immer wieder zu sogenanntem *herausfordernden Verhalten.* Unter diesem Begriff werden emotionale (verbale und körperliche) Verhaltensweisen zusammengefasst, die pflegende Angehörige besonders belasten und eben *herausfordern.* Das vierte Kapitel dieses Buchs ist diesem Aspekt gewidmet.

So kann es sein, dass der Betroffene auch nahestehende Angehörige nicht mehr erkennt oder sich in seiner Wohnung nicht mehr *zu Hause* (und somit sicher) fühlt. Das Weglaufen (bzw. das Hinlaufen) ist ein großes Thema, ebenso wie das *Wiedererwecken* verstorbener Angehöriger.

Beeinträchtigungen in der zweiten Phase der Demenz

1. Auswahl von Kleidungsstücken wird zunehmend schwerer.
2. Probleme beim Einkaufen (oft wird mehr gekauft als notwendig = Hamstern).
3. Körperpflege wird vernachlässigt.
4. Bei alltäglichen Dingen ist Hilfe nötig.
5. Psychische Symptome treten auf, zum Beispiel Angst oder Wahn.
6. Sprachliche Auffälligkeiten nehmen zu (falsche Wortwahl).

Die dritte Phase einer Demenzerkrankung ist von Verlusten gekennzeichnet. Es ist auch die Phase des körperlichen Abbaus; die Persönlichkeit verschwindet immer mehr. Oft beginnt diese Phase mit verstärkter Unruhe. Der Erkrankte braucht bei allem Hilfe, eine Kommunikation durch Worte wird nahezu unmöglich.

In einer ganz anderen Welt

Es ist schwierig bis unmöglich nachzuvollziehen, was in dieser letzten Demenzphase mit den Betroffenen passiert. Tatsache ist, dass sie fast nichts mehr allein machen können und jegliche Beschäftigung ins Leere läuft. Der Zusammenhang zwischen Worten und Dingen geht verloren. Hinzu kommt körperliche Gebrechlichkeit. Zunehmend Pflege zu benötigen bedeutet eine Kränkung des Egos und wird von Scham und (leider oft auch) Aggression begleitet.

Das Gespür bleibt

Auch wenn der Betroffene immer mehr in seiner Welt versinkt und nicht mehr kommunizieren kann, bedeutet dies nicht, dass er kein Gespür mehr dafür hat, wie andere mit ihm umgehen. Gestik, Mimik und Intonation verraten ihm genug darüber, was um ihn herum vorgeht. Er spürt und sieht, ob seine Angehörigen unruhig, wütend, traurig oder uninteressiert sind. Viele pflegende Angehörige berichten, dass das Lächeln bleibt, nämlich dann, wenn die Betroffenen sich wohl und aufgehoben fühlen.

Nichts geht mehr

Der eigene Körper wird zunehmend als Gegenstand wahrgenommen. Psychische Störungen nehmen zu, und es kommt zu Halluzinationen oder aggressiven Ausbrüchen. Viele Betroffene werden bettlägerig und brauchen eine Rundum-Betreuung.

Veränderungen in der dritten Phase der Demenz

1. Verhaltensstörungen (Wahn, Angst oder Aggression),
2. Betroffener kann sich nicht mehr alleine waschen bzw. ankleiden,
3. Harninkontinenz,
4. Stuhlinkontinenz,
5. Gangstörung führt oft zu Bettlägerigkeit,
6. Sprachverlust.

Für Angehörige: Wie geht man mit den Veränderungen um?

In der ersten Phase der Erkrankung sind es vor allem *Anpassungsschwierigkeiten*, die im Alltag Probleme bereiten. Den Betroffenen ist oft noch sehr wohl bewusst, dass ihre geistigen Fähigkeiten nachlassen und sie die Kontrolle über ihr eigenes Leben verlieren. Als Reaktion darauf entwickeln sie unterschiedliche Muster und Tricks, um mit der eigenen Veränderung besser umgehen zu können. Die meisten haben einen gewissen Ehrgeiz, diese nachlassenden Fähigkeiten mit sich alleine auszumachen. Es ist ein bisschen so, als glaubten sie: Wenn es nicht ausgesprochen wird, ist es auch nicht wahr. All das dient dazu, die eigene Persönlichkeit zu schützen – auch und gerade den eigenen Angehörigen gegenüber.

Ständige Vorwürfe nicht persönlich nehmen

Die Diagnose Alzheimer oder die einer anderen Demenzerkrankung ist nur schwer zu verkraften. Sehr viele betroffene Menschen suchen gerade in der ersten Phase der Demenz nach einem Schuldigen, den sie für ihre missliche Lage verantwortlich machen können. Die Diagnose einfach so zu akzeptieren gelingt fast niemandem.

Die betroffenen Angehörigen stecken in einem echten Dilemma: Einerseits wissen sie genau, dass die Hinweise auf eine Demenzerkrankung eindeutig und irreversibel sind, andererseits fühlt es sich ein bisschen besser an, wenn man jemand anderem die Schuld dafür geben kann. Fatalerweise trifft es gerade die betreuenden Angehörigen, denen dann entsprechend Vorwürfe gemacht werden.

Nehmen Sie das nicht persönlich, sondern gehen Sie geflissentlich darüber hinweg. Gerade in dieser Phase, in der der betroffene Angehörige mit seinem Schicksal hadert, ergibt es keinen Sinn, Verantwortung für etwas zu übernehmen, für das es keinen Schuldigen gibt.

Bei ganz praktischen Vorwürfen, wie zum Beispiel »Wo hast du meine Brille schon wieder versteckt?«, bieten Sie Hilfe an – und zwar *ohne Schuldzuweisung*, aber eben auch *ohne Schuldanerkenntnis*. Versuchen Sie besser, das Rätsel um die verschwundene Brille gemeinsam zu lösen.

Häufig wird aber auch die Schuld bei völlig unbeteiligten Dritten gesucht. Anstatt für diese in die Bresche zu springen, fragen Sie besser noch einmal genau nach: »Kannst du dir ernsthaft vorstellen, dass er/sie so etwas macht?« Gerade in der ersten Phase der Demenz kann solch ein *Zurechtrücken der Sichtweise* noch auf Einsicht stoßen.

Falls das nicht so sein sollte, dann belassen Sie es dabei. Auf keinen Fall sollten Sie widersprechen – und falls es Sie wirklich interessiert, dann können Sie versuchen, dem Gedankengang Ihres Angehörigen zu folgen. Was hinter solchen Vorwürfen steckt, ist oft eine lange Geschichte, die aber für das Hier und Jetzt keine Relevanz mehr hat. Wichtig ist nur, dass Sie die Vorwurfstheorie nicht weiter schüren.

Ganz typisch gerade in der ersten Demenzphase ist das Ritualisieren: Alles hat seinen festen Platz, und alles muss nach einem festgelegten Procedere ablaufen. Je nachdem, welchen Charakter der Angehörige früher hatte, kann das ganz schön anstrengend sein. Spontanität bleibt gern auf der Strecke, und kreatives Chaos geht gar nicht mehr.

Gerade in der ersten Phase durchleben die Erkrankten eine emotionale Achterbahnfahrt zwischen Peinlichkeit, Wut, Misstrauen, Ohnmacht, Verzweiflung, Ungeduld, Angst und vielem mehr. Wenn hier also mit Tricks gearbeitet wird, sollte man es ihnen nachsehen. Im Gegenteil: Man sollte sie stets darin unterstützen, Kontinuität zu erhalten und verbleibende Kompetenzen zu schützen, zu akzeptieren, wie sie gerade sind, und vor Erfahrungen des Versagens zu bewahren.

Nichts ist beständiger als der Wandel

In der zweiten Phase ist Veränderung die einzige Konstante. Deshalb ist es wichtig, dass Sie einen bewussten Umgang mit dem betroffenen Angehörigen entwickeln. Nehmen Sie sich (wann immer möglich) Zeit für die gemeinsame Gestaltung des Alltags und schauen Sie, was noch funktioniert und wie seine Reaktionen aussehen.

Und was sonst noch helfen kann:

In Geduld üben ist leichter gesagt als getan. Auch wenn beispielsweise das selbstständige Ankleiden eine gefühlte Ewigkeit dauert, sollte man betroffene Angehörige dabei nicht vorschnell unterstützen. Gerade wenn es um eine Mithilfe im Haushalt geht, darf man die Ansprüche nicht zu hoch ansetzen, sondern sollte für jede gelungene Aktion dankbar sein.

Den Widerspruchsgeist hintanstellen. Obwohl Sie wissen, dass es unnütz ist, sich auf Diskussionen einzulassen, liegt einem manchmal eine schlagfertige Erwiderung auf den Lippen. Schlucken Sie diese herunter, denn es ergibt keinen Sinn und sorgt nur für Unruhe und Aggression. Überlegen Sie vielmehr, warum bestimmte Verhaltensweisen Sie so stressen. Ganz häufig liegt nämlich die Ursache in Ihnen selbst. Vielleicht sind Sie überfordert oder empfinden das Verhalten Ihres Angehörigen als anmaßend. Wenn Sie selbst für sich solche Gefühle anerkennen, fällt die Entspannung im Umgang mit dem Partner oder Elternteil, der an Demenz erkrankt ist, leichter.

Folgen Sie dem erkrankten Angehörigen in seine Welt, denn umgekehrt geht es nun einmal nicht mehr. Selbst wenn Sie manchmal von den unglaublichen Gedankensprüngen überfordert sind oder einfach nicht nachvollziehen können, was ihn gerade antreibt, lassen Sie sich von ihm in seine Welt mitnehmen. Bedenken Sie stets: Nichts von den skurrilen Geschichten, die er erzählt, ist für ihn merkwürdig. Begeben Sie sich mit ihm auf Zeitreise und versuchen Sie so herauszufinden, wo er sich gerade befindet. Wenn Sie sich darauf einlassen, werden sie viel über ihn und sein Leben erfahren.

Üben Sie Gelassenheit im Umgang mit eigenen Fehlern und mit den Fehlleistungen des betroffenen Angehörigen. Gerade dieses Überhören von Schuldzuweisungen ist ein schwieriges Thema, das man nicht jeden Tag gleich souverän meistern kann. Auch, dass er Ausreden und Fantasiegeschichten aus dem Hut zaubert … geschenkt. Und wenn es Ihnen einmal zu viel wird, dann verlassen Sie den Raum, bis Ihr Ärger verraucht ist.

Unterstützen Sie die Entscheidungsfindung, denn das ist ein Teil der Selbstbestimmung des Menschen. Selbst wenn betroffene Angehörige zunehmend Schwierigkeiten haben, ihre eigene Meinung in Worte zu fassen und kundzutun, sollten Sie ihnen nicht zu viel davon abnehmen. Vermeiden Sie deshalb offene Fragestellungen wie: »Was willst du als Nächstes machen?« Oder: »Was willst du heute essen?«, und bieten Sie stattdessen zwei Möglichkeiten an (vgl. Kap. 1). Geben Sie ihnen Zeit, eine Antwort zu finden, oder lassen Sie vorsichtig Ihre Meinung einfließen. Egal, wie die Entscheidung aussieht, geben Sie eine positive Resonanz (»Das finde ich gut«) und vermeiden Sie einen kritischen Unterton (»Wenn du meinst … Du musst wissen, was du willst«).

Gefühl in den Mittelpunkt stellen

In der dritten Phase der Demenzerkrankung sind betreuende Angehörige mit all ihrer Empathie und Geduld gefragt. Bei einer Kommunikation, die zunehmend und dann gänzlich ohne Worte auskommen muss, steht das Gefühl im Mittelpunkt. Gerade in dieser Phase ist es für Angehörige wichtig, sich regelmäßige Auszeiten zu verschaffen, sodass sie einen Ausgleich zu den Anforderungen der Pflege finden können. Lesen Sie dazu ausführlich im Kapitel 4, in dem es speziell auch um *herausforderndes Verhalten* geht. Angstzustände, Aggression und Wahn sind Ausdrucksformen der zunehmenden Auflösung der Persönlichkeit.

Nehmen Sie den Angehörigen in all seinen reduzierten Ausdrucksmöglichkeiten wahr. Oft genügt es, seine Hand zu halten, um ihm über seine ängstliche Verwirrung hinwegzuhelfen. Manchmal jedoch muss man sich auch regelrecht *in Sicherheit* bringen. Alle pflegerischen Maßnahmen sollten Sie sowohl ankündigen als auch mit Worten beschreiben, sodass zumindest der Widerstand ausbleibt.

In allen Phasen der Demenz ist die Kenntnis der individuellen Paargeschichte bzw. Familiengeschichte sehr wichtig. Gerade wenn Erkrankte in innere Welten abtauchen, können Angehörige sie mit ihrer sehr individuellen und lebensbegleitenden Kenntnis der Biografie hilfreich unterstützen. Wichtig ist dabei, in den Erzählungen von sich selbst nicht in der Ich-Form zu sprechen. Denn ab einem bestimmten Stadium werden Sie als Person nicht mehr erkannt, die gemeinsame Geschichte jedoch bleibt und kann – zumindest bruchstückhaft – nachgefühlt werden.

Den Alltag demenzgerecht gestalten

Hausarbeit stellt im Alter eine durchaus sinnvolle Beschäftigung dar. Sie erfüllt einen konkreten Zweck und gibt dem Tag Struktur und dem Leben einen Sinn. Ohne zweckvolle Tätigkeiten ergibt es keinen Sinn, morgens aufzustehen, sich anzuziehen, das Essen zuzubereiten und so weiter. Wer aufsteht, muss anschließend das Bett machen. Wer sich anziehen möchte, muss sich neue Kleidung heraussuchen und schmutzige in den Wäschekorb räumen. Wer Essen zubereitet, muss hinterher Geschirr abwaschen. All diese simplen Vorgänge ziehen eine ganze Reihe notwendiger Hausarbeiten nach sich.

Nun geht im Alter allgemein nicht mehr alles so schnell von der Hand, die Kraft lässt nach und die Energie muss eingeteilt werden. Menschen mit Demenz vergessen natürlich auch einmal etwas, aber im Allgemeinen lassen sich solche täglichen Verrichtungen noch ganz gut bewältigen.

In der zweiten Phase wird das schon schwieriger. All die simplen Tätigkeiten des Alltags erfordern nämlich trotz allem eine konkrete Vorstellung von dem, was man tut und wie es zu machen ist. Diese Handlungskompetenz bekommt jedoch Lücken und hat (offensichtliche) Folgen. Stellen Sie sich nur einmal vor, Sie waschen das Geschirr mit kaltem statt mit warmem Wasser und verwenden noch dazu kein Spülmittel. Jeder weiß, dass das nicht funktionieren kann. Der betroffene Angehörige jedoch vergisst schon mal, was ein Leben lang für ihn selbstverständlich war.

Anforderungen fördern Fähigkeiten

Nun wäre es aber wenig hilfreich sofort und gleich einzugreifen, sprich: Nehmen Sie dem Betroffenen nicht alles ab! Anforderungen fördern Fähigkeiten. Es geht nicht darum, alles richtig zu machen, sondern sich selbst zu fordern und die Energie aufzubringen, überhaupt etwas zu tun. Fähigkeiten, die noch beansprucht werden, zu nutzen, zu pflegen und zu fördern, bedeutet Hilfe zur Selbsthilfe zu leisten. Dass man dabei oftmals denkt: »Das könnte ich schneller und besser«, ist geschenkt. Selbst wenn Sie gemäß ihren Vorstellungen *nacharbeiten* müssen, lassen Sie den Betroffenen tun, was er noch tun kann und vor allem will. Der Antrieb, der daraus erwächst, ist spürbar, und die daraus resultierende Zufriedenheit unbezahlbar. Denn: Wer sich nichts abverlangt, lässt sich gehen. Und wer sich gehen lässt, verliert sich selbst. Bei einer fortschreitenden Demenz passiert das ohnehin viel zu schnell.

Allerdings müssen Anforderungen stets den verbleibenden Möglichkeiten neu angepasst werden. Es darf nicht sein, dass der betroffene Angehörige mit seinen Aufgaben überfordert wird und daran verzweifelt. Es hilft durchaus, alle notwendigen Tätigkeiten aufzulisten und auf Tage zu verteilen. Dabei werden Sie erstaunt feststellen, wie viele kleine Anforderungen dabei zusammenkommen, die Sie locker auch ihrem betroffenen Angehörigen ab und an übertragen können.

In der dritten Phase der Demenz bleibt nicht mehr viel zu tun, die betroffenen Angehörigen werden zunehmend passiv – zumindest, was eventuelle Mithilfe im Haushalt betrifft. Dafür ist der Kopf umso aktiver, allerdings eher zum Leidwesen der Angehörigen, die nun mehr pflegerische Aufgaben übernehmen müssen.

Das bedeutet nicht automatisch, dass es nicht auch schöne Momente gibt. Die Rückkehr zu den eigenen Wurzeln ist aber auch ein schmerzhafter Prozess, der einem Abschied gleichkommt.

Ganz praktisch: Den Haushalt neu organisieren

Die meisten Menschen mit Demenz möchten natürlich so lange wie möglich in ihrer eigenen Wohnung leben. Die häusliche Umgebung spielt dementsprechend eine wichtige Rolle in einem möglichst reibungslosen Tagesablauf. Im Verlauf der Erkrankungen werden Sie feststellen, dass das harmonische Miteinander leichter wird, wenn Sie den Wohnbereich (die Wohnung, das Haus) *demenzfreundlich* umgestalten. Dadurch lassen sich Konfliktsituationen vermeiden und immer wiederkehrende Diskussionen beenden.

Allerdings stellt die Anpassung der Wohnräume per se schon ein Problem dar. Deshalb sollten sie so schonend wie möglich geschehen. Orientierungsprobleme, die ohnehin zum Krankheitsbild gehören, können die Alltagsfähigkeiten verschlechtern. Hier gilt: »So wenig wie möglich, so viel wie nötig.«

- Achten Sie darauf, nicht zu viel auf einmal zu verändern. Häufig müssen die Veränderungen gemeinsam mit dem Erkrankten getestet werden. Manchmal braucht es mehrere Anläufe, bis ein brauchbares Ergebnis erreicht wird.
- Beginnen Sie mit diskreten Veränderungen, um Ihren Angehörigen nicht zu sehr zu irritieren. Sonst kann es passieren, dass Ihr Angehöriger sich in der eigenen Wohnung nicht mehr zurechtfindet.
- Betroffene Angehörige haben es lieber übersichtlich. Zu viele Eindrücke durch (beispielsweise) feinteilige Dekorationselemente wirken störend, und diese Reizüberflutung führt zu Verwirrung.

Bei der Neuorganisation des Haushalts geht es zum einen darum, mögliche Gefahrenquellen auszuschalten, und zum anderen, eine übersichtliche Ordnung herzustellen, die die Orientierung erleichtert und somit die Selbstständigkeit längerfristig erhält.

Ordnung schaffen

- Entfernen Sie alles, was nicht mehr genutzt oder nicht mehr als Eigentum anerkannt wird, gegebenenfalls reicht auch die Entfernung aus dem Bereich, der ständig *im Blick* ist.
- Versuchen Sie, Gegenstände, die regelmäßig benutzt werden, an einem festen Platz abzulegen. Im Verlauf der Erkrankung ist es sinnvoll, solche Plätze auch zu beschriften oder mit einem Foto des Gegenstands zu versehen. Mögliche Gegenstände können dabei Schlüssel oder der Geldbeutel sein. Gegen Ende der zweiten Phase wird das allerdings dann nicht mehr zuverlässig funktionieren.
- Schreiben Sie einen Wochenplan mit allen regelmäßigen (wöchentlich wiederkehrenden) Aktivitäten, die Ihren Angehörigen betreffen. Hängen Sie diesen an einem gut sichtbaren Ort auf. Ein idealer Platz ist in unmittelbarer Nähe einer Uhr und eines Kalenders. So kann der Angehörige erkennen, was als Nächstes ansteht. Übrigens eignen sich Abreißkalender besonders gut, weil dabei das Datum und die Wochentage im Fokus stehen.

Orientierungshilfe geben

Sich in den eigenen vier Wänden zurechtzufinden ist für betroffene Angehörige sehr wichtig. Das Verlaufen und Umherirren nagt am Selbstbewusstsein und frustriert ungemein. Es gibt verschiedene Möglichkeiten, Orientierungshilfen im häuslichen Umfeld anzubringen.

- Beleuchtung ist beispielsweise ein wichtiges Thema. Das Licht sollte klar und angemessen hell sein. Bewegungsmelder, die mit der Beleuchtung (zum Beispiel im Flur) gekoppelt sind, verringern dabei den Stromverbrauch.
- Alternativ sollten Nachtlichter (für die Steckdose) angebracht werden.
- Reflektierende Leuchtstreifen können als Wegweiser dienen.
- Eine individuelle Farbgebung kann eine optimale Orientierungshilfe sein. Beispielsweise: Die blaue Tür führt ins Schlafzimmer, die gelbe ins Badezimmer.
- Alternativ kann man Türschilder anbringen, auf denen steht, was sich hinter der Tür verbirgt.
- Beschriften Sie nicht nur Türen, sondern auch Schränke und Schubladen, wenn der Betroffene Probleme hat, sich zurechtzufinden.
- Räume und Schränke, zu denen der Erkrankte keinen Zutritt benötigt oder keinen haben soll, sollten verschlossen bleiben, ggf. mit einem entsprechenden Zettel an der Tür.

Hinterlassen Sie Botschaften für alle möglichen Situationen, in denen regelmäßig Orientierungslosigkeit vorherrscht. Bekommt der Angehörige beispielsweise häufiger Angst, wenn eine externe Pflegekraft im Haus ist und Sie die Gelegenheit zum Einkaufen nutzen, hinterlassen Sie eine schriftliche Nachricht. Zum Beispiel diese: »Ich gehe einkaufen, solange du noch Kaffee trinkst, und bin gleich wieder zurück.«

Auch wenn Sie ihm Tätigkeiten übertragen, die mehrere Arbeitsschritte erfordern, können Sie solche Notizzettel nutzen, um dem Erkrankten etwas mehr Sicherheit zu geben. Probieren Sie es aus!

Gefahrenquellen entschärfen

Häusliche Unfälle sind bei Senioren nicht selten, und auch an Demenz Erkrankte neigen dazu. Man kann zwar nicht an alles denken, aber es ist ganz hilfreich, sich einen Überblick zu verschaffen.

Entfernen Sie beispielsweise Stolperfallen!

- Fixieren Sie Teppiche und Läufer. Wenn das nicht funktioniert, entfernen Sie sie.
- Treppen sollten einen stabilen Handlauf haben und rutschfeste Belege. Markieren Sie die erste und letzte Stufe farblich.
- Verzichten Sie, wo möglich, auf Spiegel oder glänzende Oberflächen. Die Reflexionen können irritieren.
- Sorgen Sie für klare Lichtverhältnisse, und bringen Sie Nachtlichter an. Es ist auch hilfreich, dunkle Flure und Dielen mit Bewegungsmeldern auszustatten..
- Und der Klassiker: Vermeiden Sie frei liegende Stromkabel.

Tipp: Achten Sie auch stets darauf, dass Ihre Angehörigen ein passendes und sicheres Schuhwerk tragen.

Die Küche sicher machen

Die Küche ist für Mitbewohner, die an Demenz erkrankt sind, unter Umständen ein gefährlicher Ort. Je nach Demenzphase sollte man vielleicht den Zugang verwehren oder eben für mehr Sicherheit sorgen.

- Der Herd zum Beispiel kann durch ein Induktionskochfeld schon um einiges sicherer gemacht werden. So können versehentlich abgelegte Zeitungen oder Geschirrtücher auch bei angeschalteter Herdplatte nicht in Brand geraten.
- Die Heißwasserbereiter sollten auf niedrige Temperatur gestellt sein. Eine automatische Wassersperre kann man einbauen lassen.
- Gefährliche Substanzen wie Putzmittel, Insektenvernichtungsmittel etc. müssen stets verschlossen aufbewahrt werden. Das Gleiche gilt für Schubladen, in denen Messer liegen.
- Alle elektrischen Geräte, die man nicht ständig braucht, sollte man wegräumen oder zumindest vom Strom nehmen, wenn man sie nicht benutzt.

Tipp: Rauchmelder sollte es nicht nur in der Küche geben.

Das Badezimmer sicher machen

Intimsphäre hin oder her – eine abgeschlossene Toiletten- oder Badezimmertür kann schnell zur Falle werden. Da hat man zwei Möglichkeiten: Entweder die Schlüssel kommen weg oder man tauscht die Schlösser durch Drehverschlüsse aus. Letztere kann man im Notfall mit einer Münze von außen öffnen.

- An Waschbecken, Badewanne und Dusche eine automatische Wassersperre einbauen lassen.
- Auf Badezimmerteppiche verzichten oder am Boden fixieren. Anti-Rutsch-Matten in Badewanne und/oder Dusche anbringen.
- Stabile Halterungen an der Badewanne oder einen Sitz in der Dusche installieren lassen. Auf lose angebrachte Duschvorhänge besser verzichten.
- Es versteht sich von selbst, dass Putz- und Waschmittel ebenso wie Medikamente sicher und verschlossen aufbewahrt werden müssen.

Betroffene Angehörige liebevoll unterstützen

Wer betroffene Angehörige am Alltag teilhaben lässt, gibt ihnen zugleich das Gefühl, noch *zu etwas nutze* zu sein. Das ist gut, richtig und vor allem in Bezug auf das Selbstwertgefühl extrem wichtig. Im Verlauf der Erkrankung werden die Möglichkeiten dazu immer geringer, zumindest dann, wenn man nicht gewisse Risiken eingeht. Doch eine vorausschauende Planung, die alle Eventualitäten abdeckt, ist ohnehin nicht möglich und darüber hinaus auch sinnlos. Integrieren statt isolieren muss also das Motto sein, deshalb sollte man sich auch nicht von falscher Scham oder zu viel Rücksichtnahme leiten lassen, sondern auf den Instinkt vertrauen.

Sinnvolle Beschäftigungen

Beschäftigen Sie Ihren Angehörigen, sonst beschäftigt er sie. Diesen Ratschlag kann man in fast jedem Demenzratgeber lesen, und man kommt an dieser schlichten Weisheit einfach nicht vorbei. Denn was wäre denn die Alternative? Langeweile – und was aus dem süßen Nichtstun alles passieren kann, ist meist noch schlimmer als eine scheinbar sinnlose Beschäftigung. Das bedeutet im Umkehrschluss natürlich nicht, dass man ein 24-Stunden-Programm erstellen soll. Allerdings darf man auch nicht unterschätzen, wie wertvoll einige Minuten *Auszeit* für pflegende Angehörige sein können. Ein weiterer positiver Nebeneffekt: Beschäftigung (und sei sie auch noch so banal) schafft Zufriedenheit – und dieses Gefühl ist unbezahlbar. Darüber hinaus fördern sinnvolle Beschäftigungen die Gedächtnisleistung und erhalten Fähigkeiten. Und alles, was man gemeinsam tut, schafft auch wieder Gemeinsamkeit.

Ein Hinweis vorweg: Erwarten Sie nicht zu viel!

Mithilfe im Haushalt: Tisch decken, Staub wischen, Geschirr abtrocknen, Socken sortieren, Wäsche falten, Boden fegen, Besteck polieren, Gemüse schälen und schneiden, kleine Bereiche aufräumen und/oder sauber machen, Post sortieren …

Passive Beschäftigungen: Fernsehen (wählen Sie Sendungen ohne Gewalt), Radio hören (wählen Sie Musikprogramme, die dem Angehörigen gefallen), Hörspiele anhören, Musik hören, Zeitungen oder Bücher lesen (die Lesefähigkeit bleibt zumeist lange erhalten) oder etwas vorlesen …

Aktive Beschäftigungen: Spaziergang, Ausflug, Gymnastik, Schwimmen, Tanzen, Restaurantbesuche und Besuch bei alten Freunden oder Verwandten …

Basteln und Handwerken: Malen, Zeichnen, Basteln mit Papier oder Naturmaterialien (Anleitungen für Kinder sind oft auch für Menschen mit Demenz geeignet), Stricken, Sticken, Häkeln mit größeren Nadeln und Garn, Fotografieren, ein Fotoalbum basteln, einen Stammbaum erstellen …

Tätigkeiten, die einen Bezug zum ehemaligen Beruf haben: Wer einmal Buchhalter war, kann unter Umständen noch Belege sortieren, ehemalige Handwerker können vielleicht noch einfache Dinge zusammenbauen oder Gärtner können Blumen pflegen …

Zeitreisen unternehmen: Lassen Sie sich von früher erzählen, schauen Sie alte Fotos an und fragen Sie, welche Geschichten sich dahinter verbergen.

Sortieren: Socken, Schrauben, Besteck, Duplo-Steine, Bälle, Karten, Stifte, Puzzle – das Sortieren ist in fast allen Phasen der Demenz eine sinnvolle Beschäftigung.

Mit Kindern spielen: Viele Menschen mit Demenz verstehen sich gut mit Kindern. Auch einfache Gesellschaftsspiele, also mit wenigen Regeln, bei denen nur gewürfelt wird oder Karten gezogen werden, sorgen für Abwechslung.

Erkundigen Sie sich zudem bei regionalen Selbsthilfegruppen über deren Angebot. Dort werden unter anderem geführte Ausflüge angeboten, zum Beispiel in den Zoo.

Pflege und Hygiene

In der ersten Phase der Demenz sind Pflege und (mangelnde) Hygiene kein großes Thema. Alles, was damit zusammenhängt, ist durch immer wiederkehrende Muster fest verankert und somit noch abrufbar. Allerdings kann es schon auffallen, wenn Angehörige, die stets wie aus dem *Ei gepellt* zurechtgemacht waren, plötzlich so viel weniger Sinn für Äußerlichkeiten entwickeln. Frauen schminken sich nicht mehr so oft, Männer sind bei der Rasur nicht mehr so gründlich. Insgesamt sind dies aber noch Kleinigkeiten, über die man hinwegsehen kann. Auch kommt es öfter vor, dass gebrauchte Kleidung mehrmals angezogen wird, obwohl die *Gebrauchsspuren* deutlich zu sehen sind.

Körperpflege

In der zweiten Phase der Demenz kommt es vor, dass die tägliche Pflege – insbesondere das Baden oder Duschen – zu einem Problem wird. Die Gründe dafür können sehr unterschiedlich sein:

- Manchmal empfindet der betroffene Angehörige die Körperpflege als zu kompliziert oder aufwendig, er schämt sich oder hat plötzlich Angst vor Wasser.
- Vielleicht lässt das Sehvermögen nach und er kann die Umrisse der Dusche oder Wanne nicht mehr richtig erkennen.
- Im Zuge der sogenannten Apraxie (Werkzeugstörung) kann es auch sein, dass betroffene Angehörige nicht mehr wissen, wie ein Wasserhahn funktioniert oder was sie mit Seife und Waschlappen anfangen sollen.
- Im Verlauf der Krankheit verschlechtert sich auch das Koordinationsvermögen, was die Erkrankten zusätzlich unsicher macht oder überfordert.

So können Sie den betroffenen Angehörigen unterstützen:

- Entfernen Sie Rasierer und andere elektrische Geräte wie Fön oder Lockenstab aus den Schränken, sodass sie nur *unter Aufsicht* verwendet werden dürfen.
- Wenn Sie bei der Körperpflege unterstützen, halten Sie alles griffbereit, was gebraucht wird.
- Stellen Sie sicher, dass der Raum warm genug ist.
- Füllen Sie die Wanne nur eine Handbreit mit Wasser. Prüfen Sie die Temperatur des Wassers. Vermeiden Sie Badeöle oder andere Zusatzstoffe, die die Wanne rutschig machen.
- Teilen Sie den Badevorgang in einzelne Schritte auf. Lassen Sie sich und dem Angehörigen Zeit.

- Seien Sie ruhig und freundlich, aber bestimmt. Vermeiden Sie Ablenkungen oder Diskussionen. Es ist das Beste, die Aufmerksamkeit immer auf die aktuelle Aufgabe zu richten.
- Legen Sie ein Handtuch über die Schultern des Badenden, es vermittelt ihm ein warmes Gefühl und Privatsphäre.

Seien Sie bei pflegerischen Maßnahmen stets flexibel. Wenn der betroffene Angehörige sich weigert, in die Wanne zu steigen oder unter die Dusche zu gehen, waschen Sie ihn mit Schwamm und Badeschüssel im Schlafzimmer.

Auswahl von Kleidung und anziehen

Grundsätzlich ist ein nachlassendes Interesse an sich selbst immer auch ein Hinweis auf mangelnde Selbstachtung. Es kann aber auch ein Indiz für schlechteres Sehvermögen sein oder eben für Vergesslichkeit, wenn ein Betroffener immer das Gleiche anzieht und so gar keine Inspiration verspürt, auch Abwechslung in der Bekleidung zu berücksichtigen.

- Ermutigen Sie Ihren Patienten, sich so lange wie möglich selbst anzuziehen.
- Sie können ihn dabei unterstützen, indem Sie die Kleidung vorher zurechtlegen. Beachten Sie dabei, dass das, was zuerst angezogen werden muss, obenauf liegt.
- Vielleicht hilft es bei fortschreitender Demenz, kleine Knöpfe durch größere zu ersetzen oder Klettverschlüsse anstelle von Reißverschlüssen einzunähen.
- Wichtig ist, dass die Kleidung richtig passt. Ansonsten kann sie den betroffenen Angehörigen behindern und dadurch zu einem Risiko werden.

Toilettengang

Das Nachlassen der körperlichen Leistungsfähigkeit betrifft alle möglichen Bereiche. Einer davon ist die Blasenschwäche bzw. die Harninkontinenz. Dass das mit dem Toilettengang im Alter aus verschiedenen Gründen schwierig wird, ist mittlerweile kein Geheimnis mehr. Die Ursachen sind an sich unspektakulär, wenn auch die Folgen davon unangenehm sind. Die Muskulatur und die Nierenfunktion verändern sich und sorgen so dafür, dass ältere Menschen öfter müssen als sie wollen.

Zu der normalen Alterserscheinung kommt bei an Demenz erkrankten Angehörigen das Vergessen mit seinen verschiedenen Facetten:

- Manchmal haben betroffene Angehörigen schlicht Schwierigkeiten, den Harndrang als solchen wahrzunehmen. Durch eine körperliche Untersuchung kann ein Arzt feststellen, ob ein medizinisches Problem vorliegt.
- Ist das nicht der Fall, werden die *Unfälle* durch die zunehmende Verwirrung hervorgerufen, die mit der Demenz einhergeht. Im fortschreitenden Stadium vergessen sie, was zu tun ist, wenn der Harndrang sich bemerkbar macht.
- Andere haben Schwierigkeiten, das Badezimmer zu finden, oder denken nicht rechtzeitig daran, dort hinzugehen.

So können Sie den betroffenen Angehörigen unterstützen:

- Führen Sie einen regelmäßigen Zeitplan für die Toilettengänge ein, zum Beispiel nach dem Aufstehen und nach den Mahlzeiten. Über den Tag verteilt sollten etwa Intervalle von zwei Stunden eingeführt werden.
- Sorgen Sie für ausreichend gute Beleuchtung auf dem Flur und im Badezimmer. Unter Umständen sind Bewegungsmelder eine gute Möglichkeit, auf dem Weg zur Toilette für Sicherheit zu sorgen.
- Bei Orientierungsschwierigkeiten in der Wohnung streichen Sie die Badezimmertür in leuchtender Farbe oder bringen Sie ein Motiv als Blickfang an.
- Versuchen Sie es mit sicheren Bettauflagen für Erwachsene, die in Sanitätshäusern erhältlich sind. Auch professionelles Pflegepersonal kann helfen, die richtigen Produkte auszuwählen.
- Ab einem gewissen Punkt im Krankheitsverlauf werden Sie den Einsatz von Erwachsenenwindeln einplanen müssen.
- Zudem entwickeln Menschen mit Demenz oft eine Abneigung gegen Toiletten und suchen *alternative Orte auf*. Versuchen Sie, herauszufinden, woran das liegt; möglicherweise ist der Toilettensitz sehr kalt oder das Aufstehen von der Toilette fällt schwer.

Essen und Trinken

Bei Menschen mit Demenz verändert sich auch das Essverhalten. Je weiter die Erkrankung fortschreitet, desto schwieriger wird es, eine bewusste Ernährung durchzusetzen. Die verminderte Gedächtnisleistung beeinflusst auch den Appetit und stört den Genuss.

Während in der ersten Phase der Demenz Essen und Trinken keine besonderen Themen sind, wird es zunehmend schwieriger, den Geschmack des Betroffenen zu treffen. Allein schon die Fragestellung »Was magst du denn heute essen?«, wird zum Problem. Ein Essensplan kann da Abhilfe schaffen; ob man damit die leidige Diskussion ums Essen jedoch vermeiden kann, ist individuell verschieden.

So wie bei älteren Menschen ganz allgemein, haben auch an Demenz Erkrankte häufig keinen Appetit mehr. Es besteht durchaus das Risiko einer Mangelernährung, vor allem dann, wenn eine ausgewogene Ernährung nicht auf dem Speiseplan steht.

Deshalb:

- Etablieren Sie für die Mahlzeiten möglichst regelmäßige Abläufe.
- Vermeiden Sie Störungen und Ablenkung.
- Achten Sie auch darauf, ob und wie Ihr Angehöriger noch mit Geschirr und Besteck umgehen kann.
- Tadellose Tischmanieren kann man zum Beispiel in der dritten Phase der Demenz nicht mehr verlangen.

Je nach Demenzform und Alter des Angehörigen lässt auch die Feinmotorik allmählich nach. Das gilt es, bei der Essenauswahl zu berücksichtigen:

- Suppen beispielsweise sind etwas für Menschen mit geschicktem Umgang mit Löffeln und einer entsprechend ruhigen Hand. Sie sollten nicht zu heiß serviert werden, alternativ kann man sie auch in breite Tassen umfüllen, damit man sie trinken kann.
- Viele ältere Menschen können gut und gerne auf Fleisch verzichten. Das liegt weniger am Geschmack als an der Mühe beim Schneiden und Kauen. Gehen Sie Ihren Angehörigen zur Hand, indem Sie Fleisch klein schneiden oder sogar pürieren. Das sieht dann zwar nicht sehr appetitlich aus, sorgt aber für eine reibungslose Nahrungsaufnahme.
- Hat der betroffene Angehörige vergessen, wie man eine Gabel benutzt, dann zeigen Sie ihm, wie es geht. Alternativ kann man viele Gerichte auch mit dem Löffel essen oder Sie servieren nahrhaftes Finger Food (also Häppchen, die er mit den Fingern essen kann).

- Ein kleinerer Löffel ermöglicht ihm, kleinere Bissen zu nehmen, und verhindert, dass er zu viel hinunterwürgt oder sich verschluckt.

Das ausreichende Trinken ist im Alter ohnehin ein Thema, bei an Demenz Erkrankten kann es sogar zum *Kampf* werden:

- Erinnern Sie den Angehörigen daran, regelmäßig zu trinken.
- Süße Fruchtsäfte oder Limonaden können Kalorien zuführen und werden oft lieber getrunken als Wasser.
- Bunte Plastikbecher werden oft leichter erkannt als Gläser und verringern zugleich die Verletzungsgefahr.
- Bei Schluckbeschwerden kann das Andicken von Getränken auf eine sirupartige Konsistenz helfen.

Gefahren vermeiden

Das Leben ist voller Risiken, das gilt vor allem für Menschen mit Demenz. In der ersten Phase ist es noch mehr der Leichtsinn oder die »Ich habe ja eh nichts zu verlieren«-Mentalität, die ab und an zu unüberlegten Manövern verleitet. Einem an Demenz Erkrankten beispielsweise das Autofahren abzugewöhnen, ist eine wichtige und zugleich schwierige Angelegenheit.

Im Verlauf der zweiten Phase können betroffene Angehörige oft nicht mehr einschätzen, ob eine Handlung möglicherweise gefährlich ist. Das kann dazu führen, dass sie im Straßenverkehr als Fußgänger nicht mehr aufpassen, den Elektroherd bedenkenlos anlassen oder einen Spaziergang über einen vereisten Gehweg machen. Der Erkrankte nimmt meistens die potenziellen Gefahrenquellen wahr, kann sie jedoch nicht mehr als gefährlich einschätzen. Zum Einschätzen der Risiken ist es gut, den betroffenen Angehörigen ab und an bewusst zu beobachten, um sein Verhalten zu deuten. So kann unter Umständen die Schmerzempfindlichkeit sinken, weil die entsprechenden Reize nicht mehr zugeordnet werden können. Manches Mal wird beispielsweise auch eine kleinere Verletzung regelrecht vergessen, was eine Wundinfektion zur Folge haben kann.

Mittlerweise gibt es eine große Auswahl an Hilfsmitteln, die das Zusammenleben mit Menschen mit Demenz leichter machen und sie vor unüberlegten Aktionen bewahren soll. Inwieweit ein Weglaufalarm, GPS-Sender und Alarmfußmatten notwendig sind, kann nur individuell entschieden werden.

Der Zeit einen Rahmen geben

Im Verlauf einer Demenzerkrankung geht das Zeitgefühl mehr oder minder verloren. Tag oder Nacht, morgens, mittags, abends, Wochenende, Werk- oder Feiertag – all das hat keine Bedeutung mehr. Die Vorstellung, so im Moment zu leben, ohne Perspektive und Plan, ist ein bisschen gruselig – und für die Betroffenen extrem anstrengend. Nun kann ja niemand davon berichten, weil diejenigen, die es erleben, sich nicht mehr mitteilen können. Es muss jedoch so ähnlich sein wie in dem Spielfilmklassiker »Und täglich grüßt das Murmeltier …«. Dabei geht es um einen TV-Moderator, der am *Murmeltiertag* das erste Erscheinen der possierlichen Tierchen nach dem Winterschlaf dokumentieren soll. Aus welchen Umständen auch immer landet besagter TV-Moderator in einer Zeitschleife, die ihn ein- und denselben Tag mit identischen Situationen und Begegnungen immer wieder erleben lässt. Jede Szene läuft gleich ab, nur versucht der Moderator, sein Verhalten zunehmend den Gegebenheiten anzupassen.

Den an Demenz Erkrankten muss es ähnlich ergehen. Jeder Tag ist gleich, und doch lernt er nichts Neues hinzu, sondern macht die Dinge so, wie sie für ihn Sinn ergeben. Das ständige Aufstehen in der Nacht oder die zeitliche Desorientierung auch tagsüber sind bei vielen Demenzkranken zu beobachten. Besonders vor und nach besonderen Ereignissen oder Aufregungen tritt das Problem verstärkt auf. Oft ist es mit Wahnvorstellungen und Halluzinationen begleitet, was wiederum Angstzustände zur Folge hat. Wenn Sie keinen Anlass für Unruhe finden, sprechen Sie mit dem behandelnden Arzt. Auch Medikamente können solches Verhalten verursachen bzw. dagegen eingesetzt werden.

Oder Sie versuchen Folgendes:

Es gibt Uhren, die nicht nur die Zeit, sondern auch die Zuordnung (Morgen, Mittag, Abend, Nacht) angeben. Alternativ können Sie auch einen Zettel »Es ist Nacht« aufhängen.

Installieren Sie ein System, das anzeigt, wenn der betroffene Angehörige das Bett bzw. sein Zimmer verlässt.

Finden Sie heraus, warum der betroffene Angehörige aufstehen will. Wenn er zum Beispiel zur Arbeit gehen will, schreiben Sie auf: »Heute ist frei«.

Unter Umständen schließen Sie die Türen von Zimmern ab, in die der betroffene Angehörige nachts keinesfalls gehen soll – zum Beispiel in die Küche.

KAPITEL 3

Die Magie des Augenblicks – was der Seele guttut

Es gibt Momente im Leben, die man nicht vergisst. Fast immer sind diese von starken Emotionen getragen, von Glück und Freude, aber auch von Angst und Trauer. Im Laufe der Zeit verblassen die Erinnerungen daran, so wie ein Foto verblasst, dass schon alt und knittrig ist. Das Gedächtnis spielt uns da einen Streich, indem es die Gefühle von damals in einem anderen Licht erscheinen lässt. Es gaukelt uns Details vor, die so vielleicht nie geschehen sind. All das ist von Emotionen begleitet, die sich beim Erinnern zur bloßen Betrachtung hinzuaddieren.

Bei der Diagnose eines demenziellen Syndroms haben einerseits betroffene Angehörige vor allem Angst, ihre Erinnerungen zu verlieren und damit ein Stück weit auch sich selbst. Andererseits umtreibt die Angehörigen, die sich kümmern, genau das Gleiche – aber darüber wird viel zu selten gesprochen. Die Krankheit zu akzeptieren fällt allen Beteiligten schwer. Es ist schwierig, sich damit abzufinden, dass ein geliebter Mensch mehr und mehr sein Gedächtnis und damit ein Stück weit auch seine Persönlichkeit verliert. In der Regel gibt es keine (langfristige) Besserung oder gar Heilung, es wird hingegen immer schlimmer. Besser ist es, wenn man akzeptiert, dass der Angehörige nie mehr der sein wird, der er einmal gewesen ist. Dann kann man damit besser umgehen, auch wenn es im Moment nicht so scheint.

- Halten Sie nicht an dem Bild der Person fest, das sie in Erinnerung haben.
- Lernen Sie den Angehörigen mit seiner Krankheit neu kennen.
- Begegnen Sie dem Angehörigen mit Neugier.

Die Erkrankung zu akzeptieren bedeutet nicht, dass man alles hinnehmen muss, wie es gerade kommt. Im Gegenteil: Es gibt noch so viel Schönes zu entdecken und gemeinsam zu erleben. Genießen Sie also die Magie des Augenblicks und bringen Sie damit auch mehr Licht in Ihr Zusammenleben. Aber wie kann das gelingen?

Emotionen machen das Leben bunter

Eine Demenzerkrankung ist auf beiden Seiten (der des betroffenen Angehörigen und seiner Familie) von starken Emotionen begleitet. Es gibt wohl niemanden, der eine solche Diagnose einfach so hinnimmt. Wut, Trauer und Angst tauchen beispielsweise im Verlauf der Erkrankung immer wieder auf, werden stärker und manchmal auch übermächtig. Das führt dazu, dass man das Gefühl am liebsten *ausschalten* möchte – was aber natürlich nicht geht. Vielmehr muss man schauen, was möglich ist, und sich auf die schönen Dinge fokussieren. Diese gilt es herauszufinden, zu fördern und zu fordern. Meist gibt es noch vieles, was funktioniert, und daran sollte man immer wieder neu anknüpfen. Somit haben Menschen mit Demenz die Möglichkeit, positive Erfahrungen zu machen – auch mit den eigenen verbleibenden Kompetenzen.

Was hat es nun mit den Emotionen auf sich?

Emotionen spielen in Bezug auf den Umgang mit an Demenz erkrankten Menschen eine große Rolle, denn sie prägen und begleiten die Erinnerungen. Alles, was im Langzeitgedächtnis dauerhaft abgespeichert wurde, ist auch mit einer Emotion verknüpft. Im Verlauf einer Demenz nimmt zwar die Erinnerung ab, die Emotion jedoch bleibt. Generell erinnern wir uns deshalb (auch ohne Demenz) an Dinge oder Situationen, die mit starken Gefühlen verbunden waren, besser als an andere. So können wir uns vielleicht nicht mehr an die Kurvendiskussionen im Mathematikunterricht erinnern, aber dafür sehr wohl an das Gefühl, wenn uns der Lehrer zur Tafel gerufen hat.

Andererseits gehen uns Tätigkeiten, die wir zigmal gemacht haben, irgendwann in *Fleisch und Blut* über. Wir müssen nicht mehr nachdenken, wie man einen Kaffee kocht oder Schnürsenkel bindet. Solche Dinge sind als Muster abgespeichert und bleiben auch bei einer Demenz länger erhalten. Der Redewendung

»das ist wie Fahrradfahren, das verlernt man nicht« beinhaltet diesbezüglich ein Fünkchen Wahrheit. Allein beim Anblick eines Fahrrads wissen die meisten Menschen, wie sie solch ein Gerät handhaben müssen, selbst wenn sie den Namen des Geräts *Fahrrad* vergessen haben.

Wenn die motorischen Fähigkeiten so nachlassen, dass man nicht mehr fahren kann, dann bleibt zumindest noch die Emotion, die damit verknüpft wurde. Entweder ist es das schöne Gefühl, wenn der Wind bei voller Fahrt durch die Haare weht oder der Schmerz, den man empfunden hat, als man mal vom Rad gefallen ist. Ein und dieselbe Fähigkeit kann also sowohl positiv als auch negativ verknüpft sein.

Das detaillierte Wissen über das Leben eines betroffenen Angehörigen mit seinen persönlichen Erlebnissen (und damit verknüpften Emotionen) kann also helfen, gezielt positive Erinnerungen hervorzurufen (und negative zu vermeiden). Lesen Sie dazu auch später unter den Stichworten »Erinnerungsarbeit« und »Liebe im Fokus« nach.

Emotionen sind sichtbar – schauen Sie genau hin!

Emotionen haben immer auch eine körperliche Komponente. Der Körper folgt dem Gefühl und bringt diese durch Mimik, Gestik, den Klang der Stimme und einem damit verbundenen Verhalten praktisch unweigerlich nach außen. Wenn betroffene Angehörige im Verlauf der Erkrankung schweigen, dann sprechen Mimik und Gestik oft noch Bände. Schauen Sie also genau hin, was Ihnen Ihr Angehöriger sagen will.

Emotionen sind im Kontakt und Zusammenleben mit Menschen, die an Demenz erkrankt sind, also sehr wichtig. Überhaupt ist es ja eigentlich nichts, was man irgendwie lernen muss, weil Emotionen ohnehin unseren Alltag begleiten und bestimmen. Sie als bloße Gefühle zu beschreiben, wäre zu kurz gegriffen. Sie ernst zu nehmen und zu akzeptieren, hilft gerade im Zusammenleben mit betroffenen Angehörigen. Das gilt vor allem im späteren Verlauf der Erkrankung, wenn eine Kommunikation ohne Worte stattfinden muss. Wichtig ist vielleicht noch, dass man sich auch auf die eigenen Emotionen und ihre verräterischen Signale besinnt. Denn es nutzt wenig, wenn Sie sich als betreuender Angehöriger um Freundlichkeit und *liebevolle Zuwendung* bemühen, aber innerlich ungeduldig und vielleicht sogar wütend sind.

Miteinander – gegeneinander – gemeinsam

Menschen sind soziale Wesen, und nur die wenigsten leben allein auf einer einsamen Insel. Es wundert daher kaum, dass die Emotionen auch einen wesentlichen Einfluss darauf haben, wie Menschen miteinander umgehen und auskommen.

Ganz grob kann man Optimisten und Pessimisten unterscheiden:

- So zeichnen sich optimistische Menschen, die offen und herzlich auf andere zugehen, dadurch aus, dass sie sich interessiert und hilfsbereit zeigen. Sie haben für jeden ein Lächeln und spenden Trost, wo er gebraucht wird. Sie wirken vertrauenswürdig und sympathisch und gewinnen allein dafür Lob und Anerkennung. Ihr positives Menschenbild spiegelt die eigene Persönlichkeit wider. Und das macht stark, weil auch die anderen ihnen dementsprechend wohlgesinnt sind.
- So ganz anders ist es mit den pessimistischen Zeitgenossen. Sie unterteilen die Mitmenschen hauptsächlich in Konkurrenten und Gegner. Ganz gleich, was diese machen, es wird grundsätzlich mit Skepsis und Misstrauen betrachtet. Dank dieser *vorgefassten Meinung* empfinden emotional negativ geprägte Menschen eher selten positive Gefühle gegenüber anderen. Begegnet man ihnen mit Freundlichkeit und Zuwendung, wird das als manipulativer Trick ausgelegt, der zu einem vertrauensseligen Verhalten verleiten soll.

Je nach Ausgangslage sind Beziehungen zwischen betroffenen und pflegenden Angehörigen hinlänglich schwierig. Nonverbale Kommunikationssignale, die immer ihre Basis in den Emotionen haben, liefern uns wertvolle Informationen vom Umfeld. Alleine das ändert sich nicht, wenn Menschen an Demenz erkranken. Emotionen *füttern* und bestätigen das innere Bewertungssystem, über das jeder Mensch verfügt und was bis zum letzten Demenzstadium intakt bleibt.

Der bewusste Umgang mit den eigenen und den Gefühlen anderer lohnt sich also durchaus. Und selbst wenn Sie als Angehöriger ganz nah dran sind, werden Sie vielleicht gerade jetzt noch einmal ganz neue Facetten bei Ihrem Lebenspartner oder Elternteil entdecken, die Ihnen viele schöne Momente bescheren können. Manchmal braucht es dafür einen Neustart, manchmal muss man aber auch die Veränderungen als Bestandteil des Lebens akzeptieren lernen.

Was bei einer Demenz mit den Emotionen passiert

Eine Demenz ist immer von unterschiedlichen Emotionen begleitet, die sich im Verlauf der Erkrankung ausprägen und phasenweise zum bestimmenden Gefühl werden. Daraus ergeben sich zwangsläufig bestimmte Verhaltensweisen, die die Demenz in ihrem Verlauf kennzeichnen. Eine kleine Auswahl macht das deutlich und zeigt sogleich, wie wichtig es ist, sich mit dem Gefühlsleben auseinanderzusetzen.

In der ersten Phase sind betroffene Angehörige, wie man so schön sagt, *zwischen Baum und Borke.* Dem Schock der Diagnose folgt alsbald die Resignation, gefolgt von Ungläubigkeit und der Hoffnung, sich nur in einem schlechten Traum zu befinden. Stellvertretend für das Gefühlswirrwarr ist die Scham die herausragende Emotion, die zunehmend den Alltag bestimmt.

Die Scham

In einer offenen Gesellschaft und aufgeklärten Welt ist Scham ein eher altmodisches Gefühl. Schamhaft wird vertuscht, was nicht gezeigt werden soll, zum Beispiel Schwäche oder körperliche Unzulänglichkeiten, die dem gängigen Schönheitsideal nicht entspricht. In der ersten Phase einer Demenzerkrankung gibt es eine Menge, was man nicht so gerne *öffentlich* macht und zeigt.

Die Scham ist im Spiel, wenn man beispielsweise kurzfristig die Orientierung verliert und sich auf dem Weg zum Bäcker verirrt. Ein Weg, den man schon hundertmal gegangen ist und mit schlafwandlerischer Sicherheit gemeistert hat, ist plötzlich verschwunden. Man steht irgendwo im Nirgendwo und muss nach dem Weg fragen. Peinlich – oder? Die Scham über das eigene Versagen wird hinter einer kleinen Notlüge versteckt. *»Ich bin fremd hier, könnten Sie mir sagen, wo ich einen Bäcker finde?«* So gefragt, wird man eine hilfreiche Antwort bekommen. Keiner wundert sich, keiner dechiffriert die Unzulänglichkeit. Es kann ja jedem einmal passieren …

Aber was ist, wenn es immer öfter geschieht? Wenn man zum Arzttermin erscheint und sich im Wochentag geirrt hat? Den Geburtstag der besten Freundin vergisst oder mehrmals am Tag die verlegte Brille vermisst und man sich partout nicht erinnern kann, wo man sie hingelegt hat? So geht es Menschen, die an einer beginnenden Demenz erkrankt sind, immer öfter. Sie schämen sich ob der Fehlleistungen und versuchen, diese schamvoll zu verbergen: Es muss ja niemand mitkriegen, wird schon nicht so schlimm sein, hoffentlich hat das niemand gemerkt.

Die meisten tun alles, um eine beginnende Demenz zu verbergen. Es wird nicht darüber gesprochen, noch nicht einmal mit den nächsten Angehörigen. Zu den schambesetzten Ausreden kommen mehr oder minder raffinierte Ablenkungsmanöver: Man tut so als ob alles klar sei, obwohl man zum Beispiel im Gespräch den Faden verliert und eigentlich gar nicht mehr weiß, worüber gerade geredet wurde. Diese Aussetzer machen Angst, weil die Wahrnehmung der Welt drumherum plötzlich Lücken bekommt.

Viele merkwürdige Verhaltensweisen zu Beginn einer Demenzerkrankung lassen sich durch Scham erklären. Man spricht nicht gern darüber und macht ein intimes Problem lieber mit sich selbst aus, obwohl das offene Ansprechen so viele Vertuschungsmanöver unnötig machen würde. Doch so weit sind die meisten Menschen, die an Demenz erkrankt sind, noch lange nicht. Stattdessen erfinden sie die merkwürdigsten Geschichten, um Fehler zu vertuschen und (mehr noch) auch die Scham nicht ins Licht der Öffentlichkeit zu stellen.

Das ist extrem anstrengend, und deshalb treten betroffene Angehörige oft den Rückzug an: Sie vermeiden Situationen, von denen sie befürchten, es könnte peinlich werden. Die zunehmende Isolation vergrößert die Scham und verhindert langfristig, dass die Betroffenen sich öffnen und Hilfe annehmen können.

Von der Scham zum Beschämtwerden

Die Scham ist verbunden mit der Angst, *beschämt zu werden*. Noch so ein altmodisches Gefühl, das aber die Persönlichkeit eines Menschen bis ins Mark erschüttern kann. Es geht um das *Bloßstellen* und im schlimmsten Fall darum, ausgelacht zu werden. Nichts kränkt und beleidigt eine Persönlichkeit mehr, als offen auf ihre Missgeschicke angesprochen zu werden. Da nutzt alle Scham nichts mehr – und dort, wo die Scham endet, beginnt manchmal die Aggression.

In der zweiten Phase der Demenz kommt immer mehr Verwirrung ins Spiel, und somit kann die Angst die Überhand gewinnen. Das Alter ist (auch ohne Demenzdiagnose) eine unendliche Reihenfolge kleiner Niederlagen und Kränkungen. Im psychologischen Fachjargon spricht man von *narzisstischer Kränkung*. Das geschieht, wenn das Selbstwertgefühl zunehmend unter Druck gerät und die Betroffenen darauf mit Rückzug oder Wut reagieren.

Die Angst

Angst ist an sich eine natürliche und sinnvolle menschliche Emotion. Sie hilft, sich in gewissen Situationen angemessen zu verhalten, und bewahrt uns Menschen davor, unnötige Risiken einzugehen. Mit zunehmendem Alter werden die Menschen immer ängstlicher. Das liegt in der Natur der Sache, weil die nachlassenden körperlichen Kräfte unsicher werden lassen, aber auch die geistigen Defizite werden zum Quell ängstlicher Sorge.

Angst tritt im Verlauf einer Demenz sehr häufig auf, für manche wird sie zum ständigen Begleiter. Die Scham als dominante Emotion der ersten Phase wird von der Angst im zweiten Stadium abgelöst. Zu viel Angst macht krank, weil es dazu führt, dass sich die Erkrankten ständig Sorgen machen und dabei oft gerade gegenüber Angehörigen, die sich kümmern, ungerecht und aufbrausend reagieren.

Mit zunehmendem Alter nimmt die Fähigkeit ab, mit Angst angemessen umzugehen. Älteren Menschen fällt es häufig schwer, sich einer anderen Person anzuvertrauen. Sie bleiben eher für sich, zeigen ihre Gefühle weniger und reagieren manchmal misstrauisch auf Zuwendung. Genauso ist es, wenn eine Demenzerkrankung hinzukommt und die Gedächtnisleistung immer mehr abnimmt.

Menschen mit Demenz empfinden die tiefe Trauer über den Verlust ihrer Fähigkeiten und Unabhängigkeit umso stärker, weil sie nicht mehr in der Lage sind, ihre Gefühle mit dem Verstand zu kontrollieren. Die Verarbeitungsmechanismen neuer Erfahrungen, mit denen man Angst kontrollieren kann, schwinden im Verlauf einer Demenz, und somit sind die Betroffenen ihrer Angst schutzlos ausgeliefert.

Das häufige Erleben von Misserfolgen führt bei Menschen mit Demenz zu einer allumfassenden Hoffnungslosigkeit. Bildlich gesprochen, ziehen sich betroffene Angehörige zunehmend mehr in ihre eigene Welt zurück. Das Zurechtfinden auch in vertrauter Umgebung wird immer schwieriger, Autofahren ist nicht mehr möglich, Telefonieren gerät zur Qual, Schlüssel werden verlegt, Bargeld wird nicht mehr gefunden. Es werden Schuldige gesucht, gefunden und beschimpft. Widerspruch oder Rechtfertigungsversuche laufen ins Leere. Die an Demenz erkrankten Angehörigen sehnen sich in dieser Situation nach nichts mehr, als nicht noch mehr Einschränkungen und Verluste zu erleiden. Sie ziehen sich daher immer mehr von Aktivitäten zurück, und manchmal klammern sie sich an ihre Angehörigen – aus Angst, diese auch noch zu verlieren. Genauso oft stoßen sie aber diese auch vor den Kopf, indem sie sie beschuldigen, Böses im Sinn zu haben.

Fakt ist: Demenz macht Angst, weil es keine Aussicht auf Besserung gibt. Und selbst, wenn man es inzwischen hinauszögern kann, so bleibt der Verlauf im Endeffekt doch gleich. Wie Menschen mit Demenz ihre Ängste wirklich empfinden, weiß niemand so genau. Aber nachvollziehen kann man es allemal: Wenn man unruhig wird und nicht weiß, warum. Wenn man einem Menschen begegnet, der sich so verhält, als müsste man ihn kennen, man aber nicht weiß, wer das ist. Wenn man einen Weg geht und unterwegs das Ziel vergisst … Insofern haben viele Alltagserfahrungen durchaus das Potenzial, gefährlich zu sein und Angst zu machen.

Im Übergang zur dritten Phase geht die sogenannte Affektkontrolle vollends verloren. Manchmal scheint es, als ob die betroffenen Angehörigen ihren Launen und Gefühlen hilflos ausgeliefert sind. Die Komplexität dessen, was da emotional passiert, fassen Experten unter dem Begriff *herausforderndes Verhalten* zusammen; dies wird im folgenden Kapitel 4 ausführlich behandelt. Mit fortschreitender Demenz ist es ohnehin schwierig, logische Begründungen für ein bestimmtes Verhalten zu benennen. In jedem Fall ist aber eine Kontrolle kaum mehr möglich, weil jede Emotion, die sich auftut, sofort *raus muss.*

Die Wut

Wut ist die normale menschliche Reaktion auf Frustration. Daher ist es kaum verwunderlich, dass viele Menschen mit Demenz so impulsiv reagieren – schlicht, weil ihnen jede höfliche Rücksichtnahme abhandengekommen ist. Im Prinzip ist diese Wut nur allzu verständlich, denn schließlich sind sie gerade dabei, etwas zu verlieren, was ihre gesamte Persönlichkeit ausgemacht hat – nämlich ihren Verstand.

Nun ist es aber nicht so, dass Menschen mit Demenz in der dritten Phase durchgängig wütend sind. Häufig wechselnde Stimmungen sind vielmehr Kennzeichen der dritten Phase. So wechselt sich Depression mit Wut ab – Stillstand gegen Ausbruchsversuch sozusagen.

Die Wut wird im Verlauf einer Demenz aus mehreren Quellen gespeist:

- Da ist die Wut darüber, vom Schicksal so geschlagen worden zu sein. Für eine Akzeptanz der Krankheit ist es ohnehin zu spät, doch geschlagen geben möchte man sich auch nicht.

- Zudem gibt es Menschen, die schon ein Leben lang hochexplosiv unterwegs waren. Ein sehr aufbrausendes Naturell wird sich nicht beruhigen, nur weil jemand an Demenz erkrankt. Im Gegenteil – leider treten manche Charaktereigenschaften (völlig ungebremst durch den Verstand) sogar mehr hervor.
- Dann gibt es noch das, was Experten als *hohen Erregungsgrad* bezeichnen. Diese innere Anspannung zeigt sich häufig im Verlauf einer Demenzerkrankung. Allerdings gibt es unterschiedliche Erscheinungsformen: die körperliche Unruhe, das stete Umherlaufen, die Ungeduld mit sich selbst, wenn etwas nicht so funktioniert, wie es der innere Plan war.
- Gerade die Diskrepanz zwischen Wunsch (Plan) und Wirklichkeit lässt bei Menschen mit Demenz oftmals die Sicherungen durchbrennen. Im dritten Demenzstadium ist das nicht ungewöhnlich und auch ein Stück weit nachvollziehbar. Es ist halt zum *Aus-der-Haut-Fahren*, vor allem, wenn man noch nicht einmal mehr sagen kann, was eigentlich gerade nicht passt.

Anschreien, beschimpfen, schlagen oder mit Gegenständen werfen – im Verlauf einer Demenzerkrankung werden sich kümmernde Angehörige so manches erleben, von dem sie sich bislang keine Vorstellung machen konnten. Dass dahinter Angst, Überforderung oder Missverständnisse stecken könnten, beruhigt wenig.

Die emotionalen Veränderungen, Wirrungen und Irrungen, die den Verlauf einer Demenz prägen, sind individuell, und ab einem gewissen Grad der Demenz auch eher spekulativ. Umso wichtiger ist es für betreuende Angehörige, eine entspannte Atmosphäre zu schaffen, um Ausbrüche zu mildern. Auch wenn die überschäumenden Gefühlsausbrüche scheinbar überhandnehmen, so steckt doch häufig schlicht die Angst der betroffenen Angehörigen dahinter, am Ende eines Tages allein da zu stehen.

Für Angehörige: Wie geht man mit den emotionalen Veränderungen um?

An dieser Stelle wird oft *liebevolle Zuwendung* als Allheilmittel aufgeführt. Doch wie soll das gehen, wenn die Wut Ihres betroffenen Angehörigen Sie wütend macht? Seine Angst Sie ängstlich zurücklässt? Oder Sie sich stellvertretend für Ihren betroffenen Angehörigen schämen?

Wenn Menschen in einer so existenziellen Extremsituation füreinander da sind, dann trifft die Emotion des einen immer auch den anderen. Die Emotionen werden quasi übertragen, sodass man den schmerzhaften Verlust zugleich mitfühlt. Die Übertragung ist überhaupt eines der Hauptprobleme in der häuslichen (und ebenso in der professionellen) Pflege. Weil das später in Kapitel 5 ausführlicher behandelt wird, folgen hier nur drei Vorschläge, wie man mit den Emotionen, die zuvor beschrieben wurden, am besten umgeht.

Wie geht man mit Scham um?

Die Scham ist ja ein zwiespältiges Gefühl. Einerseits möchten wir am liebsten im Erdboden versinken, wenn uns etwas Peinliches passiert ist. Andererseits bettelt die Scham förmlich um Aufmerksamkeit, zum Beispiel indem wir erröten und allein schon der hochrote Kopf alle Blicke auf sich zieht. Sie wird deshalb schnell zum Teufelskreis. Wir schämen uns nicht nur wegen unseres Fauxpas, sondern obendrein dafür, dass wir uns schämen – und weil das offensichtlich alle mitbekommen haben. Die Scham hat also eine nach innen gerichtete und ebenso eine Außenwirkung.

Zudem ist Scham auch ansteckend. Oft schämen sich Angehörige, dass die Menschen mit Demenz nicht mehr so sind, wie sie früher einmal waren. Oder die Scham wird so selbstverständlich, dass sie kaum noch als Emotion wahrgenommen wird. Sie als Angehörige, die sich kümmern, müssen dazu zweierlei wissen:

1. Jeder Mensch, der an Demenz erkrankt ist, hat ein Recht auf Intimität.
2. Jeder Mensch, der an Demenz erkrankt ist, hat einen Anspruch darauf, seine Erkrankung nicht öffentlich zu machen.

Wer einen erkrankten Angehörigen kritisiert, weil er etwas nicht konnte oder vergessen hat, übertritt eine der beiden Grenzen der Scham. Zudem fördert es auch den zunehmenden Rückzug des Betroffenen. Deswegen ist es hilfreich, dem Menschen, der an Demenz erkrankt ist und der versucht, seine Defizite voller Scham zu kaschieren, darauf anzusprechen. Dies kann in dem Sinne geschehen, dass man ihm sagt, dass man die Scham bemerkt, aber seinen Wunsch respektiert, seine Fehlleistungen für sich zu behalten – und dass man ihm aber auch Hilfe anbietet, wenn er es wünscht.

Wie geht man mit Angst um?

Zum Umgang mit Angst gibt es zwei grundsätzliche Wahrheiten:

- Angst halbiert sich, wenn man sie teilt.
- Angst verdoppelt sich, wenn man versucht, sie zu verbergen.

Trauen Sie sich also, Angst anzusprechen und auszusprechen. Dadurch holen Sie das bedrohliche Gefühl aus der Dunkelheit und aus dem Zwang, es zu verbergen. Geteilte Angst verliert an Kraft und Gewalt. Seien Sie also mutig und fragen Sie, ob die betroffenen Angehörigen Angst haben, und wenn ja, vor was.

Wer Angst hat, braucht Sicherheit. Vermitteln Sie Ihren betroffenen Angehörigen also Schutz, und bieten Sie Geborgenheit. Die Haltlosigkeit und innere Unruhe, die Menschen mit Demenz umtreibt, lässt sie ängstlich werden. Der wichtigste Verbündete an ihrer Seite ist Vertrauen und ein routinierter Tagesablauf. Das schafft zumindest einen Rahmen, indem die Angst sich minimieren lässt. Zudem:

- Akzeptieren Sie Ausreden der betroffenen Angehörigen, wenn sie sich für Missgeschicke nicht schuldig bekennen. Insistieren Sie nicht, sondern gehen Sie besser darüber hinweg.
- Wer, wenn nicht Sie als pflegender Angehöriger, weiß, wie demütigend die Erkrankung ist; deshalb vermeiden Sie Streit und Kritik. Dadurch wird nichts besser – nur schlimmer.
- Im Gegenzug machen Sie Mut, loben Sie, wenn etwas Schwieriges gelingt. So wirken Sie Ängstlichkeit am effektivsten entgegen.
- Beziehen Sie extreme Gefühlsausbrüche (wann immer möglich) nicht auf sich selbst. Versuchen Sie, Halt zum Bespiel durch Körperkontakt zu geben. Aber Vorsicht: Nicht jeder Betroffene hält das aus.

Manchmal brauchen betroffene Angehörige dennoch etwas zum Festhalten. Ein Amulett oder Talisman kann da helfen.

Wie geht man mit Wut um?

Für Sie als pflegende Angehörige ist es vielleicht schockierend, wenn ehemals sanftmütige Menschen plötzlich aus dem Nichts heraus wütend und gar aggressiv werden. Oft ist es in einer solchen Situation auch gar nicht möglich, sich einem Wüterich zu nähern. Besser ist es, dann kurz den Raum zu verlassen, bis die Wut verraucht ist. Manchmal wird empfohlen, Rituale einzuführen, an denen sich der betroffene Angehörige sozusagen *abreagieren kann*.

Wenn man wutauslösende Situationen kennt, gilt es natürlich, diese zu vermeiden. Auch Ablenkung kann helfen, nämlich dadurch die Wut zu kanalisieren und einer scheinbar *sinnvollen* Tätigkeit nachzugehen.

Oft ist die Wut, die in Abwechslung mit Depression oder Angst auftritt, auch durch Schmerzen oder Medikamente ausgelöst. Fragen Sie den behandelnden Arzt danach.

Ganz praktisch: Vertrauensvolle Welten schaffen

Die emotionale Grundstimmung, die eine Demenzerkrankung begleitet, ist eher düster und grau. Die Gestaltung des Umfelds kann viel dazu beitragen, die Stimmung zu heben:

Die Wohnräume hell gestalten

Zu wenig Licht im Wohnbereich löst negative Stimmungen aus oder begünstigt sie zumindest. Große Fenster, die viel Licht hereinlassen, ein Wintergarten wären schön. Wo das nicht möglich ist, können mobile Lichtkästen helfen. Und dann können Sie natürlich überall (wo möglich) Lichtquellen mit hoher Strahlkraft einsetzen.

Den Lärm aussperren

Zu viel Lärm erzeugt Stress, bei Menschen mit Demenz insbesondere. Das äußert sich durch vermehrte Aggression oder Herumwandern, das Ausdruck innerer Unruhe ist. Helfen können hier schallisolierte Fenster, Decken, Wände, Böden und Türen. Ist man krank, steigt das Stressempfinden. In der Folge wird man *schutzbedürftiger*. Menschen mit Demenz brauchen deshalb Rückzugs- und Wohlfühlräume.

Verändertes Raumempfinden verunsichert

Mit der veränderten Raumwahrnehmung fällt es betroffenen Angehörigen immer schwerer, Formen und Farben auseinanderzuhalten. Die Assoziation, die sie beispielsweise mit einem bunt gemusterten Teppich haben, könnte dann zum Beispiel eine *Blumenwiese* sein. Oder der ausgeschaltete Fernsehbildschirm lässt nur ein schwarzes Loch erkennen.

Kontrastreich gestaltete Räume, in denen sich die Möbel und Gegenstände gut vom Hintergrund abheben, erleichtern die Orientierung und vermitteln mehr Sicherheit. Unruhige Tapetenmuster hingegen können schon Stress erzeugen.

Was allerdings als beruhigend und was als aufreibend empfunden wird, ist individuell und je nach Stadium der Demenz unterschiedlich. Was den einen beruhigt, kann den anderen nervös machen – pauschale Antworten auf die optimale Raumgestaltung gibt es nicht. Man muss für gute Orientierung sorgen und den Betroffenen geistig anregen, aber Reizüberflutung vermeiden – ein galaktischer Spagat also. Untersuchungen haben gezeigt, dass auch der Geruch ein wichtiges Gestaltungselement sein kann. Lesen Sie dazu später mehr in diesem Kapitel.

Kurioserweise spielen Türen und deren Gestaltung eine ganz wichtige Rolle für Menschen mit Demenz. Vor allem mit fortschreitender Erkrankung verstehen die betroffenen Angehörigen nicht mehr, warum sie gegen ihren Willen an einem Ort festgehalten werden – auch wenn es ihr eigenes Zuhause ist. Eine Tür schafft aber die Möglichkeit, dass sie sich in die Geborgenheit zurückziehen können oder selbstbestimmt aus einem Raum heraustreten können. Dabei müssen Türen noch nicht einmal eine Funktion haben. Allein das Öffnen und Schließen, das »Hindurchschreiten« sind wichtig, beschreiben Psychologen das Phänomen. Deshalb sollten Türen auffällig gestaltet sein, bis natürlich auf solche, die nicht zum selbstständigen Durchschreiten gedacht sind, wie die Haustür beispielsweise. Der Weg nach draußen birgt immer die Gefahr des Weglaufens. Hängt man dort einen Spiegel hin oder einen Vorhang davor, ist manchmal schon das Weglaufen gebremst.

Wohlfühl-Oasen schaffen

Es soll nicht der Eindruck entstehen, als ob das Zusammenleben mit einem an Demenz erkrankten Angehörigen nur darin besteht, seinen Launen auszuweichen und seine Stimmungen auszuhalten. Menschen mit Demenz empfinden auch Glück und Zufriedenheit, ja selbst die Liebe kann zurückkehren und schöne Stunden bereiten. Sie freuen sich über Aktivitäten und Unternehmungen, die ihnen noch möglichst selbstständig gelingen.

Versuchen Sie, innerhalb der eigenen Wohnung Rückzugsräume (oder Ecken) zu schaffen, in denen sich Ihre betroffenen Angehörigen entspannen können und zur Ruhe kommen. Wenn es Ihnen zudem gelingt, Sinneseindrücke mit einzubinden, können betroffene Angehörige (und auch Sie selbst) davon profitieren.

Es gibt für solche Wohlfühl-Oasen kein Patentrezept, das für alle Menschen mit Demenz gleichermaßen funktioniert. Eine Demenz ist ein über 10 bis 15 Jahre dauernder Prozess mit verschiedenen Stadien und man muss das Umfeld jeweils entsprechend anpassen. Folgende Elemente könnten Bestandteil solch einer Wohlfühl-Oase sein:

- Eine geistige Anregung, die zugleich Geborgenheit vermittelt, können zum Beispiel Fotos von früher sein, denn an lang Vergangenes erinnern sich die Patienten oft noch besser als an aktuelle Ereignisse.
- Eine CD mit Vogelstimmen oder Wasserplätschern kann Unruhe reduzieren.
- Stimulieren Sie die Sinne, ohne auf intellektueller Ebene zu fordern – beispielsweise mit wassergefüllten, farbigen Glasröhren mit Luftperlenspiel oder einem Aquarium mit bunten Fischen. Aromatische Düfte können zudem beruhigen.

Mehr Anregungen werden Sie sicherlich finden, wenn Sie sich bewusst mit Erinnerungsarbeit auseinandersetzen.

Gegen das Vergessen: Erinnerungsarbeit

Leidet ein Familienmitglied an Demenz, ist das für Angehörige eine große Herausforderung. Zugleich ist es aber auch die Chance, erfolgreiche Erinnerungsarbeit zu leisten; schließlich sind alle, die zur Familie gehören, auch ein Teil der (gemeinsamen) Vergangenheit. Im Familienverbund gibt es ein Wissen, das man nun, wenn ein Mitglied der Familie an Demenz erkrankt, nutzen kann, um schöne Momente des vergangenen Lebens wiederauferstehen zu lassen. Das bereits erwähnte Erinnerungsalbum ist nur ein kleiner Vorgeschmack auf das Potenzial, das sich entfalten lässt, wenn man es denn ernsthaft betreibt.

Worum geht es? Stellen Sie sich vor, Sie müssten aufschreiben, was Ihnen in Ihrem Leben wichtig war. Welche Momente waren die schönsten überhaupt? In welchen Situationen fühlten Sie sich glücklich und zufrieden? Welche Szenen werden Ihnen unvergesslich bleiben? Haben Sie mehrere Episoden notiert, dann versehen Sie diese mit einem Ranking. Spüren Sie nach, wie gut und wie intensiv Sie sich erinnern. Welche Gefühle löst das bei Ihnen aus? Was hat Ihr Herz am meisten berührt? Mit diesen Erkenntnissen begeben Sie sich auf eine sehr emotionale Reise in die Vergangenheit. Es entsteht ein Lebenslauf, ganz abseits von Geburtsdatum, Familienstand und Anzahl der Kinder. Das emotionale Gedächtnis speichert keine Daten und Fakten, sondern ist die Schatztruhe Ihres Lebens. Darin steckt alles, was Sie als Persönlichkeit auszeichnet und Ihre Identität ausmacht.

Nun ist es hinlänglich schwierig, so etwas für einen (selbst nahestehenden) anderen Menschen zu tun. Und doch wissen Familienangehörige vieles, was emotional bedeutsam war, ohne dass man es ad hoc mit der Biografie eines anderen in Verbindung bringt. Nutzen Sie daher die Zeit, in der betroffene Angehörige noch aus der Vergangenheit erzählen können, um emotionale Brücken zu bauen, die es Ihnen ermöglichen, selbst in der Zeit des Vergessens noch Erinnerungen hervorzurufen und zu beleben. Bedenken Sie: Nicht immer sind es die großen Ereignisse, die auch eine eindrucksvolle Erinnerung hinterlassen. Viel öfter sind es die kleinen Szenen eines Lebens, die das Herz öffnen und berühren.

So kommen Sie der emotionalen Biografie auf die Spur:

- Sammeln Sie faktische Eckpunkte, wie das Geburtsdatum und den -ort, den Familienstand und die Anzahl der Kinder etc. Zwar spielen diese im Zusammenhang einer Biografie nur eine untergeordnete Rolle, können aber als Orientierungspunkte dienen. Die Biografie eines Menschen ist vom individuellen Erleben nicht zu trennen.
- Als Angehöriger ist man natürlich *näher dran,* als jeder externe Betreuer es je sein kann. Während zum Beispiel Pflegekräfte nur erahnen können, was im Leben des Betroffenen eine wichtige Rolle gespielt hat, haben nahe Angehörige Informationen sozusagen *aus erster Hand* miterlebt. Nutzen Sie also Ihr Wissen, um dem betroffenen Angehörigen *auf die Sprünge zu helfen.* Geben Sie Impulse, zum Beispiel durch Düfte, taktile Eindrücke oder Musik, die wie ein Türöffner zu lange vergessenen Situationen führen können. Dadurch

kann es gelingen, durch das *Vergessen* zu dringen, um die Seele des Betroffenen zu berühren.

- Besondere Lebensumstände und Veränderungen stehen im engen Zusammenhang mit wichtigen Ereignissen. Aber nicht die Ereignisse an sich sind wichtig, sondern es ist die Art und Weise, wie sie das Leben des betroffenen Angehörigen beeinflusst und verändert haben. Und wenn sich die Lebensumstände verändert haben, dann musste die Persönlichkeit des Betroffenen sich anpassen. Die Frage ist also: Was hat Spuren im Leben eines Menschen hinterlassen? Das sind zumeist Ereignisse, die von großen Emotionen begleitet waren.
- Auch die individuelle Prägung, die Menschen durch ihre Ursprungsfamilie erfahren haben, spielt eine Rolle. Wie sind bzw. waren ihre persönlichen Werte, Normen und Moralvorstellungen? Dabei kann man in Richtung Beruf oder persönliche Leistungen recherchieren. Worauf waren die Betroffenen stolz? Was haben sie in ihrem Leben erreicht, woran sind sie vielleicht gescheitert? Wichtig ist es dabei, den gesellschaftlichen Kontext zu beachten. Wie war es damals, als der Betroffene oder die Betroffene ein junger Mann oder eine junge Frau war? Auch die Frage nach dem Einfluss der Religion auf das persönliche Leben sollte hinterfragt werden.
- Neigungen, Vorlieben und persönliche Interessen sind ebenso ein weites Feld der Biografiearbeit, aus dem sich wertvolle Informationen ableiten lassen. Gibt es Vorlieben beim Essen, der Musikwahl und des Kleidungsstils? Auch das Engagement für bestimmte ehrenamtliche Tätigkeiten oder spezielle Hobbys können helfen, die emotionale Seite anzusprechen und (neue) Beziehungen aufzubauen.
- Denken Sie auch über Gewohnheiten und Rituale nach! Da Menschen vieles, was sie tun, aus Gewohnheit tun, lässt sich daran gut anknüpfen. Solche persönlichen Rituale kennzeichnen die Komfortzone des Lebens – also den Bereich, in dem sich ein Mensch auskennt und wohlfühlt und zwar ohne groß darüber nachzudenken.
- Es sind gerade diese unendlich vielen Kleinigkeiten, die ein Leben gut und sicher machen: Der Fernsehsessel im Wohnzimmer, der feste Platz am Esstisch oder der Blick aus dem Küchenfenster – all das macht auch die Komfortzone aus, vermittelt Sicherheit und Orientierung. Schreiben Sie am besten jede Kleinigkeit auf, und achten Sie auf Details, denn diese können im Verlauf einer Demenz besonders wichtig werden.
- Um herauszufinden, welche emotionalen Erinnerungsstücke positiv und welche negativ besetzt sind, lohnt es sich, darüber nachzudenken, welches Ver-

halten in bestimmten Situationen früher normal war und wie es sich unter Umständen verändert hat. Daraus lässt sich ableiten, wie der Mensch, der an Demenz erkrankt ist, mit seiner Erkrankung umgeht.

Liebe im Fokus

Im Laufe der Zeit können sich Betroffene im Hier und Jetzt nicht mehr richtig orientieren – in der Welt ihrer Erinnerungen finden sie sich aber oft noch lange gut zurecht. Diese zu aktivieren hilft der Seele, Ruhe zu finden. Das geht beispielsweise durch Sinneseindrücke wie Düfte oder Geschmäcker, aber auch durch die Musik oder die Liebe zu Tieren, die friedliche Stimmung verbreiten können.

Liebe zur Musik

Musik beflügelt die Erinnerung. Sie kann viele positive Erinnerungen wachrufen und bei Demenz oft da ansetzen, wo Sprache für die Kommunikation nicht mehr funktioniert.

- Musik erreicht gerade Menschen, deren Artikulation durch die Krankheit bereits stark eingeschränkt ist.
- Durch Musik fallen Hemmungen, und Unsicherheit wird ausgeblendet.
- Der Rhythmus und die Melodie bleiben länger im Gedächtnis als rein verbale Kommunikation. Da Erinnerungen aus der Kindheit und Jugend oft ohnehin präsenter sind, darf man gern in die Oldie-Kiste greifen.
- Studien belegen, dass Musik bei Menschen mit Demenz das Wohlbefinden und die Lebensqualität verbessern, den Appetit steigern und geistige und körperliche Aktivität sowie einen tieferen Schlaf begünstigen kann. Die Wirkung zeigt sich manchmal für ein bis zwei Tage, in anderen Fällen auch etwas länger.

Begeben Sie sich also auf die Suche nach der Musik, den Liedern, die Ihr betroffener Angehöriger früher gern gehört hat. Das muss nicht Mozart oder Beethoven sein; manche Menschen, die an Demenz erkrankt sind, verbinden mit der Musik der Beatles oder Rolling Stones emotionale Erinnerungen und blühen dadurch regelrecht auf.

Vielleicht besuchte aber Ihr Angehöriger auch regelmäßig Gottesdienste oder sang sogar im Kirchenchor – auch daran lässt sich anknüpfen. Insbesondere Kirchenmusik öffnet das Bewusstsein und fördert unter Umständen beruhigende Erinnerungen zutage.

Besonders in einem Alltag, in dem das Denken und die Wahrnehmung immer weiter abnehmen und Familienmitglieder nicht mehr erkannt werden, erleben Patienten mit Demenz beim Singen und Musizieren wieder Selbstvertrauen und nehmen aktiv ihr Umfeld wahr. Kommunikation, die durch die Musik entstehen kann, baut Brücken. Solche Brücken braucht es bei voranschreitender Demenz immer mehr.

Allerdings kann Musik, die die betroffenen Angehörigen nicht mögen, auch den gegenteiligen Effekt haben. Musik hören und selbst singen spricht das Gefühlsgedächtnis der Betroffenen direkt an. Dementsprechend ist die Reaktion entweder anregend oder beruhigend.

Liebe zu Tieren

Ganz gleich, ob Katze oder Hund, Kaninchen oder Kanarienvogel – das Zusammenleben mit Tieren ist gesund und macht glücklich. Das haben nicht nur zahlreiche Studien bewiesen, sondern das wird Ihnen auch jeder Tierbesitzer gern bestätigen. Es ist nicht übertrieben zu behaupten, dass es *Welten* öffnen kann, wenn man sich auf einen tierischen Mitbewohner einlässt. Natürlich übernimmt man gerade im häuslichen Umfeld eine zusätzliche Verantwortung, allerdings erleichtern Tiere auch den Umgang mit Menschen, die an Demenz erkrankt sind. Denn Tieren gelingt, was uns Menschen oft so schwerfällt, nämlich auf einer *passenden*, nonverbalen Ebene einem demenzkranken Menschen zu begegnen und mit ihm in Kontakt zu treten.

Es ist die Ebene der Emotionen und der sinnlichen Wahrnehmungen: Streicheln, berühren, Wärme geben und die bedingungslose Akzeptanz durch ein Tier sind einfach unbezahlbar. Einem Hund beispielsweise fällt es leicht, einem Menschen Wärme und Geborgenheit zu vermitteln. Der Blick in treue Hundeaugen tröstet über die vielen Verluste hinweg, den die Demenzerkrankung den Betroffenen auferlegt. Ein Hund nimmt einen Menschen einfach so, wie er ist, ganz unvoreingenommen von Aussehen, Verhalten oder kognitiver Leistungsfähigkeit.

Auch für die pflegenden Angehörigen ist ein Tier im Haushalt ein wertvoller *Helfer:*

- Tiere bringen Normalität in den Alltag, Freude und eine gewisse Leichtigkeit, die bei der Betreuung eines demenzkranken Angehörigen nur zu oft abhandenkommt.
- Sie bieten Gelegenheit, trotz all der Schwere der Situation miteinander zu lachen und mögliche Konflikte entspannter zu bewältigen.
- Über das Tier als Vermittler kann Pflege leichter werden, weil es Geborgenheit gibt und Halt.
- Tiere erleichtern nachweislich die Orientierung und dienen als *Ankerpunkte*, wenn sich ein betroffener Angehöriger unsicher und *fremd* fühlt.

Tiere urteilen, bewerten und kritisieren nicht. Dadurch vermitteln sie Menschen mit Demenz bedingungslose Nähe und Zuwendung, emotionale Wärme, ermöglichen Körperkontakt und stärken so das Selbstwertgefühl des Erkrankten, der sich als wertvoll und liebenswert empfindet. Und des Weiteren:

- Wer bei der Versorgung des Tieres noch mithelfen kann, erlebt sich als kompetent und sieht einen Sinn in seinem Tun.
- Wer eine sinnvolle Aufgabe hat, ist damit nicht nur Empfänger von Hilfe und Unterstützung, sondern kann auch selbst *etwas geben*.

Dadurch werden Ressourcen aktiviert, weil Tiere Fähigkeiten ansprechen, die von der Krankheit nicht oder nur wenig betroffen sind – nämlich sinnliche Erfahrungen und das Erleben von Gefühlen.

- Durch das Streicheln regen Tiere die feinmotorischen Fähigkeiten an.
- Sie fordern zur Bewegung auf und motivieren die Betroffenen, aktiver zu sein.
- Sie fördern die Kontaktaufnahme und die soziale Interaktion. Zudem bietet das Zusammenleben mit Haustieren immer wieder neuen Gesprächsstoff.

Tiere wirken kognitiv stimulierend und begünstigen positive Stimmungslagen: Sie sind Erinnerungsanker, Orientierungshilfe und helfen, den Tag zu strukturieren. Das Zusammensein beugt Depressionen und Aggressionen vor, entschärft Stress- und Unruhezustände.

Natürlich können Tiere menschliche Zuwendung und Betreuung nie ersetzen. Aber auch Pflegende profitieren vom Zusammenleben mit Tieren.

Liebe zur Kunst

Für die meisten Menschen ist es wichtig, das Gefühl zu haben, immer noch etwas zu können. Manche Menschen mit Demenz entdecken im Verlauf ihrer Erkrankungen sogar neue Vorlieben und Fertigkeiten, die ihnen einen Weg aus der Isolation bieten. Die Kunst mit ihren vielfältigen Ausdrucksmöglichkeiten ist dazu besonders gut geeignet. Ob mit Papier und Farben oder das Arbeiten mit Ton, all das fördert und fordert die Feinmotorik, und taktile Reize (durch den Tastsinn erfasst) berühren die Gefühlsebene der betroffenen Angehörigen. Wer früher einmal gern geschneidert hat, dem vermitteln unter Umständen verschiedene Stoffstrukturen ein heimeliges Gefühl der Vertrautheit. Der Umgang mit Stroh erinnert vielleicht an die Jugend auf einem Bauernhof und die Blumen im Garten an die Sommerwiese der Kindheit.

Wenn man spürt, dass das Arbeiten mit den Händen eine gewisse Befriedigung bringt, kann man daran anknüpfen. Eine sinnvolle Beschäftigung – und dazu zählt auch das Malen oder Gestalten mit verschiedenen Werkstoffen – fördert bei Menschen mit Demenz die Konzentration und unterstützt Orientierungsfähigkeit. Es beugt depressiven Stimmungslagen vor und ist schlussendlich auch etwas, was man als gemeinsames Projekt in den Alltag integrieren kann. Seniorenstützpunkte und Demenztreffs bieten solche Kunstkurse an. Sie sind für alle Demenzphasen geeignet. Man kann das aber auch durchaus gemeinsam zu Hause ausprobieren. Darauf sollten Sie achten:

- Ob Papier und Bleistift oder Leinwand mit Ölfarben – das ist eine Sache des persönlichen Geschmacks und des Geldbeutels. Stifte und Pinsel sollten breite Griffe haben, sodass sie gut und sicher geführt werden können.
- Studien haben gezeigt, dass Rot aktiviert und Blau entspannend wirkt. Wählen Sie mögliche Motivvorlagen nicht zu kleinteilig, sondern eher großflächig.
- Malen kann man auch ganz ohne Vorkenntnisse, und es erstaunt nicht selten, welche Talente da zum Vorschein kommen.
- Die gemalten Bilder sind oft Spiegelbild der Seele und auch ein Kommunikationsmittel, wenn die Worte fehlen. Sie spiegeln aber auch den Verlauf der Erkrankung wider: Je weiter sie voranschreitet, desto starrer werden die Bilder.
- Etwas mit den eigenen Händen zu schaffen fördert das Selbstbewusstsein und befriedigt die Unruhe.

So wirkungsvoll die Kunst als Medium der Verständigung auch ist – sie gerät an ihre Grenzen, wenn der Maler mit Pinsel und Papier nichts mehr anzufangen weiß.

Liebe kann man riechen

Düfte und Gerüche halten sich über Jahrzehnte im Gedächtnis und rufen auch bei Demenz noch Erinnerungen wach, die durch andere Sinne nicht mehr aktiviert werden können.

- Gemeinsames Kochen und Essen bietet vielfältige Möglichkeiten, Düfte in den Alltag zu integrieren.
- Vom Apfelkuchen über frisch gemahlenen Kaffee bis zu gegrillten Würstchen – jeder Mensch hat seine ganz persönlichen Duftinformationen abgespeichert, die eine ganze Kaskade von Erinnerungen freisetzen. Allerdings sind die Reaktionen nicht immer vorhersehbar.
- Düfte und Gerüche können Wohlbefinden und Sicherheit vermitteln – und das, obwohl sich das Geschmacksempfinden im Verlauf einer Demenz schon früh verändert.
- Durch den gezielten Einsatz von Düften lassen sich Entspannung und Wohlbefinden fördern. Allerdings: Ein Zuviel des guten Dufts kann auch das Gegenteil bewirken. Vorsicht ebenso vor allergischen Reaktionen – beispielsweise Blumenwiese = Heuschnupfen.

Welche Düfte als angenehm empfunden werden, ist individuell unterschiedlich. Achten Sie also beim Einsatz von Gerüchen auf die Reaktionen der betroffenen Angehörigen.

Das Zusammenleben mit Menschen, die an Demenz erkrankt sind, wird von Emotionen und Stimmungen begleitet. Das ist an sich keine so aufregende Erkenntnis, denn immer dann, wenn mehrere Menschen zusammenwohnen, leben oder arbeiten, mischen Gefühle mit. Sind jedoch Krankheit und Pflege im Spiel, werden die Karten neu gemischt. Es geht um Macht und Erniedrigung, aber auch um Liebe und Zurückweisung. Gut gemeint ist nicht selten schlecht gemacht.

Wenn nun das Gedächtnis leidet und die Erinnerung schwindet, dann funktionieren manche Regelmechanismen nicht mehr so wie gewohnt, und manchmal werden dann aus stets zufriedenen Mitmenschen ungewohnt nervige Nörgler. Stets nur das Richtige zu tun ist schwierig. Was allerdings geht, ist, die betroffenen Angehörigen auf einer anderen, die Sinne aktivierenden Ebene zu begleiten und vor allem Verständnis zu zeigen.

KAPITEL 4

Herausforderndes Verhalten

Das Zusammenleben mit pflegebedürftigen und/oder an Demenz erkrankten Menschen ist eine Herausforderung der besonderen Art. Dafür gibt es keinen *Masterplan* und keine *To-do-Liste*, die sich am runden Tisch festlegen lässt und aus der man schlussfolgern kann, was das Beste ist und wie es in Zukunft laufen wird. Demenzerkrankungen sind vom Verlauf und der Ausprägung der Symptome unterschiedlich. Was an einem Tag noch funktioniert, kann am anderen Tag schon ad absurdum geführt werden. Nichts Genaues weiß man nicht.

Gewissheit über den Verlauf einer Erkrankung kann Angehörigen, die sich kümmern, helfen, den Tag besser zu strukturieren. Doch ganz häufig kommt es zu Krisen, die vor allem durch die psychischen Begleiterscheinungen hervorgerufen und verstärkt werden. Das führt fast zwangsläufig zu Auseinandersetzungen. Im Zusammenleben kann das mitunter sehr anstrengend sein.

Harmonie für jeden Tag

Harmonisches Zusammenleben mit einem Menschen, der an Demenz erkrankt ist – geht das überhaupt? Angesichts der allgegenwärtigen Probleme erscheint es ein durchaus schwieriges Projekt. Erinnern Sie sich als Angehöriger, der Tag für Tag mit neuen Problemen konfrontiert ist, einmal an die Zeit zuvor. Welche Charaktereigenschaften zeichneten Ihren betroffenen Angehörigen aus? Was war seine *Achillesferse*? Womit konnte man ihn immer aus der Reserve locken oder einen Wutanfall provozieren? Hatte er eine *lange Leitung* oder eher eine *kurze Zündschnur*? Wer sich mehr Harmonie im Zusammenleben mit einem Menschen wünscht, der an Demenz erkrankt ist, der muss sich auch mit seinen eher brisanten Eigenschaften auseinandersetzen. Die schlechte Nachricht: Die Demenz macht es zumeist nicht besser. Die gute Nachricht: Wer sich mental vorbereitet, den trifft die Verhaltensveränderung nicht ganz so arg. Denn es kommt ja nichts wirklich Neues aufs Tapet, es wird eben nur schlimmer, weil man es im Laufe der Zeit verarbeitet hatte.

Auch eine gute Nachricht ist, dass alles, was im Verlauf einer Demenz passiert, nichts mit Ihnen persönlich zu tun hat. Zumindest nicht im Hier und Jetzt, sondern vielleicht im Damals. Insofern haben Sie eine zweite Chance, Dinge anders anzugehen. Je weiter eine Demenz voranschreitet, desto mehr Chancen haben Sie. Aber um ehrlich zu sein: Angehörige, die sich täglich mit der Vergesslichkeit eines an Demenz Erkrankten konfrontiert sehen, sind häufig am Ende der Geduld angekommen. Da liegt die kleine Vergeltung in Form einer schnippischen Erwiderung oft näher als die viel zitierte *liebevolle Zuwendung*.

Dennoch: Wenn Sie sich auf überflüssige Diskussionen einlassen, sind auch Sie es, der es im Nachhinein *ausbaden* muss. Seien Sie deshalb geduldig – vor allem mit sich selbst!

Lösen Sie alte Muster auf und ersetzen Sie sie durch neue!

Der Mensch ist ein Gewohnheitstier … Sie kennen den alten Spruch. Wie viel Gewohnheit jedoch in Ihrem Alltag und dem Zusammenleben mit einem betroffenen Angehörigen steckt, weiß kaum jemand. Zumindest nicht dann, wenn man noch nie ernsthaft darüber nachgedacht hat.

Mit Gewohnheiten zu brechen ist hinlänglich schwer. Das geht nicht von jetzt auf gleich und braucht viele Wiederholungen, bis sich ein neues Verhalten über die alten Muster legen kann. Aber es lohnt sich! Nehmen Sie Veränderungen in Angriff, denn Ihr betroffener Angehöriger kann es nicht mehr.

Bringen Sie betroffene Angehörige nicht in Verlegenheit!

Machen Sie Menschen mit Demenz nicht zu oft auf ihre Fehler und Erinnerungsdefizite aufmerksam. Auch das ständige (oftmals überflüssige) Korrigieren ist lästig und hinterlässt das Gefühl, minderwertig zu sein.

Es ist leichter, das eigene Verhalten anzupassen, als den betroffenen Angehörigen mit seinen Unzulänglichkeiten zu konfrontieren. Beispielsweise so: Wenn Sie auf etwas oder jemanden Bezug nehmen, dann beschreiben Sie kurz die Situation oder die Person, bevor Sie zum eigentlichen Thema kommen. Wenn Sie sich diesen Gesprächseinstieg angewöhnen, unterstützen Sie den Angehörigen mehr, als wenn Sie nur darauf vertrauen, dass er sich ohne Ihr Zutun erinnert.

Menschen mit Demenz brauchen keine neuen Herausforderungen oder Abwechslung im klassischen Sinn. Sie haben gerade genug damit zu tun, die Welt um sie herum ständig neu einzuordnen.

Vermeiden Sie Diskussionen!

Denken Sie stets daran: Angehörige mit Demenz haben eine andere Wahrheit und eine veränderte Wirklichkeit. Das ist insoweit normal, als dass jeder Mensch die Dinge aus einem ganz eigenen Blickwinkel heraus betrachtet. Diese innere Flexibilität geht an Demenz erkrankten Menschen verloren.

Im Prinzip dreht sich die Welt drumherum für den betroffenen Angehörigen zu schnell und wird deshalb zu rasch unüberschaubar. Sie können abstrakten Gedankengängen nicht mehr folgen. Umso mehr brauchen sie ein Umfeld, das ihnen Sicherheit vermittelt.

Die Welt eines betroffenen Angehörigen lässt sich nicht mit Vernunft und Logik erklären und bewältigen. Verabschieden Sie sich von ohnehin fruchtlosen Diskussionen. Im Mittelpunkt Ihres Zusammenlebens sollte ein reibungsloser Tagesablauf stehen – und dazu sind Zugeständnisse Ihrerseits extrem hilfreich.

Widerspruch ist sinnlos!

Es ist eine Kunst, stets wertschätzend und bestätigend zu reagieren, auch dann, wenn man mit seinem *Latein* am Ende ist. Dabei ist es im Prinzip ganz einfach:

- Nehmen Sie Floskeln wie *das wäre schön* oder *gut, dass du mir das sagst* in Ihr Repertoire auf. Sie lassen sich universell zur Befriedung einer angespannten Situation einsetzen. Alternativ: Zählen Sie im Gedanken bis zehn und schneiden Sie ein anderes Thema an.
- Manchmal muss man allerdings über den eigenen Schatten springen, um die Spannung aufzuheben: Nehmen Sie die Schuld auf sich und bitten Sie um Verzeihung, selbst dann, wenn Sie gar nichts dafür können oder noch nicht einmal wissen, worum es eigentlich geht.
- Gerade dieses Verhalten (also die imaginäre Schuld auf sich zu nehmen) gehört zu den ultimativen Ratschlägen, wie man fast jede Situation entschärfen kann. Gern kann auch das Universum (oder das Wetter) die Schuld tragen, nur sollte man niemals den betroffenen Angehörigen damit belasten.

Zeigen Sie Verständnis!

Eine gute Beziehung lebt von gegenseitigem Respekt und Rücksichtnahme. Das gilt für Familien und Partnerschaften gleichermaßen und sorgt im besten Fall für ein harmonisches Miteinander. Solche idealen Verhältnisse werden durch eine Demenzerkrankung stark beeinträchtigt, denn Verständnis und Rücksichtnahme kann man von betroffenen Angehörigen nicht mehr erwarten. In der Konsequenz müssen sich pflegende Angehörige voll und ganz auf den an Demenz Erkrankten einstellen – umgekehrt geht es nicht mehr.

Geduld ist kein nachwachsender Rohstoff, der in unendlicher Vielfalt zur Verfügung steht. Ein ungeschicktes *Das habe ich dir doch gerade erst erklärt* ist an sich kein Beinbruch, kann aber unter Umständen Wut, Enttäuschung oder aggressives Verhalten auslösen.

Lassen Sie es nicht zu einer Eskalation kommen, sondern lenken Sie ein und besänftigen Sie den aufgebrachten Senioren. Antworten Sie lieber noch einmal auf die bereits mehrfach gestellte Frage oder wechseln Sie das Thema.

Je weiter eine Demenz voranschreitet, desto mehr verschwimmen Gegenwart und Vergangenheit des erkrankten Angehörigen, und es führt schlussendlich dazu, dass er beides nicht mehr unterscheiden kann. Da nutzt kein gutes Zureden oder logisches Argumentieren. Alles, was der betroffene Angehörige sagt, fühlt oder wie er sich verhält, ergibt für ihn Sinn, auch wenn es aus Ihrer Position heraus betrachtet nur wirres Zeug ist.

Im Zusammenleben mit einem an Demenz Erkrankten darf es nicht um Recht haben oder Recht behalten gehen, seien Sie nachsichtig mit ihm – und mit sich selbst.

Die ewige Jammerei

Eine Demenzerkrankung wird häufig von einer negativen Grundstimmung begleitet. Je weiter sie voranschreitet, desto nervtötender wird das ständige Gejammere. Nun ist es so, dass Senioren per se dazu neigen, über dies und das zu jammern. In der Regel dient Jammern dazu, Aufmerksamkeit zu erzeugen und Frust abzubauen.

Betroffene Angehörige jammern und meckern häufiger, weil sie damit unbewusst gegen die zunehmende Hilfslosigkeit opponieren wollen. In lichten Momenten wird ihnen das ganze Ausmaß ihrer Abhängigkeit bewusst, und dieser Frust braucht ein Ventil. Wie es mit der Jammerei immer so ist, verfolgt der Jammerer damit kein bestimmtes Ziel, und auch das Thema, worüber er gerade jammert, ist unerheblich. Das Jammern an sich verschafft schon eine Erleichterung und auch eine gewisse Zufriedenheit.

Jammern ist harmlos, kann aber trotzdem nervtötend sein. Sie können dem jammernden Angehörigen ankündigen, den Raum zu verlassen, wenn er nicht damit aufhört. Allerdings steht dann zu befürchten, dass das eher zu noch mehr Meckereien führt.

Alternativ kann man natürlich versuchen, die Ursache herauszufinden. Bei echtem Interesse am Grund des Jammerns erlischt rasch der Enthusiasmus, und der wahre Grund gerät dadurch in Vergessenheit. Oft wissen Jammerer auch selbst nicht so genau, warum sie permanent schlechte Laune haben.

Oft ist Ablenkung die bessere Reaktion. Schlagen Sie eine Aktivität vor, die der Betroffene besonders gern mag. Auch Langeweile kann nämlich Grund zum Jammern sein.

Was bei einer Demenz mit der Psyche passiert …

… und wie sich das Verhalten dadurch verändert.

Angehörige, die sich kümmern, klagen häufig über ein verändertes Verhalten des betroffenen Familienmitglieds, das unter Demenz leidet. Psychische Störungen und Verhaltensveränderungen bei Demenz kommen sehr häufig vor und haben oft nur in zweiter Linie direkt etwas mit der Demenzerkrankung zu tun. Die Mediziner trennen also kognitive Symptome (wie die Vergesslichkeit) von psychischen Störungen (wie beispielsweise Angstzuständen) und Verhaltensänderungen (wie Aggressivität).

Für die pflegenden Angehörigen macht das im Endeffekt keinen Unterschied, außer vielleicht den, dass solche Störungen die betroffenen Angehörigen ein Stück weit unberechenbar machen. Im medizinischen Fachjargon wird dieser Symptomkomplex mit der Abkürzung BPSD (Behavioral and Psychological Symptomes of Dementia) umschrieben. Im Deutschen spricht man von *herausforderndem Verhalten*, was die Probleme ziemlich genau beschreibt. Sie sind im täglichen Zusammenleben in der Tat eine echte Herausforderung.

In der ersten Phase nach der Diagnosestellung treten verschiedene psychische Störungen auf, die der völlig neuen Lebenssituation geschuldet sind. Angst, Misstrauen und Furcht begleiten die betroffenen Angehörigen zumindest phasenweise. Manch einer wird depressiv, denkt vielleicht sogar an Selbstmord. Die Tragik der Diagnose ist natürlich nur schwer zu verkraften und vor allem anzunehmen. Eine Chance, das Leben noch einmal mit all seinen Facetten zu genießen, und solange es möglich ist, selbstbestimmt zu agieren, nutzen leider viel zu wenige Betroffene.

Auch ist es normal, dass gerade ältere Menschen nicht so gern darüber reden. Sie schämen sich und sind entsprechend viel zu sehr damit beschäftigt, die auftretenden Defizite zu verschleiern. Im Gegensatz zu den kognitiven Fähigkeiten, die sukzessive nachlassen, verstärken sich psychische Probleme jedoch nicht unbedingt mit dem Voranschreiten der Demenz, sondern treten eher phasenweise auf. So gibt es Menschen mit Demenz, die über Monate hinweg ängstlich oder deprimiert sind und sich dann aber wieder ausgeglichen und zufrieden zeigen. Der Einsatz von entsprechenden Medikamenten hat darauf zumeist keinen Einfluss.

Hinzu kommt, dass die psychischen Symptome häufig ineinander verwoben sind, sodass man sie nicht klar voneinander abgrenzen kann. In der ersten Phase der Demenz treten vor allem Angst, Misstrauen und Furcht, depressive Verstimmungen und Frust über die nachlassenden Fähigkeiten auf.

Angststörungen – Traumata und Phobien

Über die Ängste und ihre möglichen Ursachen haben Sie bereits im Kapitel 3 gelesen. Nun ist die Angst als berechtigte Emotion auf anstehende Veränderungen durchaus nachvollziehbar. Angst als psychische Störung geht jedoch häufig auf Phobien (zum Beispiel Angst vor engen oder großen Räumen) zurück. Auch traumatische Erlebnisse (zum Beispiel Kriegserlebnisse oder schwere Unfälle) können neu *belebt* werden, weil (bedingt durch die Demenz) eben die Vergangenheit wieder näher rückt. Unter Umständen durchleben betroffene Angehörige solche Phasen in einer Art Endlosschleife.

Depressionen

Depressive Verstimmungen werden häufig dem demenziellen Syndrom zugeordnet, ohne diese Symptomatik näher zu hinterfragen. Oft ist es in der Tat so, dass depressive Stimmungslagen in solch einem direkten Zusammenhang stehen. Manchmal handelt es sich allerdings auch um ein eigenständiges Krankheitsbild. Denn wer über Phasen hinweg überwiegend ausgeglichen und gut gelaunt durch den Tag geht und nur vorübergehend unter depressiven Stimmungen leidet, der hat (glücklicherweise) keine *echte* Depression.

Eine Depression ist vom Gefühl der absoluten Leere gekennzeichnet. Die betroffenen Angehörigen sind traurig und verzweifelt. Darunter leidet auch das Selbstwertgefühl. Typisch für eine Depression ist die daraus resultierende An-

Unterschiede erkennen: Demenz und Depression

Demenz	**Depression**
Meist schleichender Beginn, Symptome entwickeln sich kontinuierlich und sind anhaltend	Plötzlicher Beginn, begrenzte Dauer von durchschnittlich sechs Monaten.
Fortschreitende Leistungsminderung bei Aufgaben mit gleichbleibendem Schweregrad	Deutliche Leistungsschwankungen bei Aufgaben mit gleichbleibendem Schweregrad
Glaubt, alles zu wissen, und lässt sich gut motivieren, etwas zu tun.	Jammert viel und häufig, auf Fragen wird zumeist mit »Ich weiß nicht« geantwortet.
Das nachlassende Kurzzeitgedächtnis steht im Vordergrund	Das Kurzzeitgedächtnis ist phasenweise beeinträchtigt. Typische Symptome sind Schlafstörungen, Gewichtsverlust, Grübelzwang und Suizidgedanken
Desorientiert; sucht Hilfe, weiß aber nicht, wo sie zu finden ist.	Orientiert; wenn er Hilfe braucht, weiß er, wo er sie findet.
Fehlleistungen in ganz verschiedenen Bereichen: • sich verlaufen, • nicht wissen, wo man ist (Desorientierung), • Geräte nicht mehr bedienen können (Dyspraxie), • visuell-räumliche Störung, Wortfindungsstörungen (Dysphasie), • nicht mehr rechnen können (Dyskalkulie), Störung des abstrakten Denkens.	Allgemeine Leistungsschwäche bzw. Antrieblosigkeit. Das Jammern darüber enthält meist eine detaillierte Schilderung der kognitiven Defizite.
Agitierte Unruhe	Antriebsmangel, psychomotorische Verlangsamung
Fühlt sich immer im Recht	Fühlt sich dumm und als Versager
Schlechte Alltagskompetenz	Gute Alltagskompetenz – außer im Schub
Kein Ansprechen der kognitiven Symptome auf Antidepressiva und Psychotherapie, bei gleichzeitiger Depression aber Besserung der Stimmung und Beruhigung	Meist gutes Ansprechen auch der kognitiven Symptome auf Antidepressiva und Psychotherapie

Quelle: Pflegekonzept 2017 nach Kitwood, St. Josef-Stift

triebslosigkeit. Es entsteht ein Gedankenkarussell, das von Selbstzweifeln und Selbstvorwürfen genährt wird. In schweren Fällen können auch wahnhafte Störungen auftreten.

Gerade zu Beginn der Demenzerkrankung kann es zu einer *reaktiven Depression* kommen. Sie wird auch als *depressive Anpassungsstörung* bezeichnet. In diesem Zusammenhang treten solche Anpassungsstörungen direkt nach der Diagnosestellung auf, und zwar dann, wenn das volle Ausmaß der Erkrankung offensichtlich und nicht mehr zu leugnen ist. Die Dauer wird mit sechs Monaten bis maximal zwei Jahren festgelegt.

In der zweiten Phase einer Demenzerkrankung treten häufiger verschiedene psychische Phänomene auf, die teils den betreuenden Angehörigen mehr Probleme bereiten als den Menschen, die an Demenz erkrankt sind. Immer öfter verkennen betroffene Angehörige zum Beispiel eine an sich harmlose Situation und reagieren überschießend mit Wut oder Aggression.

Verkennungen – zwischen Illusion und Halluzination

Diese Wahrnehmungsstörungen bezeichnet man als *Verkennung*. Das Spektrum reicht dabei von akuter Verwirrtheit über illusionäre Verkennung bis zur Halluzination. Im harmlosesten Fall kann es passieren, dass kleinste Geräusche als übermäßig laut (und bedrohlich) wahrgenommen werden, wenn zum Beispiel die Lichtverhältnisse nicht optimal sind oder in der Stille der Nacht. Manchmal bilden sich betroffene Angehörige dann ein, es befände sich noch ein weiterer, fremder Mensch im Raum, obwohl niemand da ist. Typisch ist auch das Phänomen, dass sie in solchen Phasen ihr Spiegelbild nicht mehr erkennen, sondern nur eine andere Person auf einem Bild bzw. vor dem Fenster stehen sehen.

Allerdings haben nicht alle auffälligen Verhaltensmuster, die sich im Verlauf einer Demenz herauskristallisieren, solch einfache Erklärungen wie schlechte Lichtverhältnisse, kurze Desorientiertheit oder akustische Missdeutungen. Einige Verhaltensänderungen lassen sich eindeutig als sogenanntes *primäres Krankheitssymptom* der Demenz zuordnen.

Verwirrtheit

Akute Verwirrtheit tritt häufig bei einer vaskulären Demenz auf. Von jetzt auf gleich geraten die betroffenen Angehörigen völlig außer sich. Sie sind zeitlich und räumlich desorientiert. Manchmal scheint es so, als ob sie aus einem Traum aufschrecken und mit der realen Umgebung überfordert sind. Unter Umständen fühlen sie sich dann bedroht und reagieren entsprechend aggressiv auf ihr Umfeld.

Häufigste Verhaltensveränderungen im Verlauf einer Demenz

- Umherlaufen,
- Störung des Tag-Nacht-Rhythmus,
- rufen und schreien,
- Aggressivität,
- beständiges An- und Ausziehen,
- sexuelle Enthemmungen,
- Sammeln und Verstecken von Dingen.

Illusionäre Verkennung

Von einer *illusionären Verkennung* spricht man, wenn Menschen mit Demenz Dinge nicht richtig benennen bzw. erkennen können. So pflücken betroffene Angehörige häufig Blüten von Bäumen und Sträuchern, weil sie sie fälschlicherweise für vertrocknete Blätter halten, oder sie stecken sie in den Mund, weil sie sie mit Früchten verwechseln.

Halluzinationen

Dabei sehen (oder hören) betroffene Menschen Dinge (oder Geräusche), die definitiv nicht real sind. Man könnte auch sagen, dass es sich um reine Einbildung handelt, allerdings fühlt sie sich für die betroffenen Angehörigen ziemlich echt an. Manchmal können sie nur etwas nicht richtig zuordnen und interpretieren eine Situation deshalb falsch und als bedrohlich. Es kann auch passieren, dass der Gedächtnisverlust ihnen etwas vorgaukelt, was nicht da ist. Stichwort: Verstorbene aufwecken.

Die Ursache kann in der Demenz liegen, aber auch durch andere Umstände begründet sein, wie durch Nebenwirkungen von Medikamenten, Infektionen oder einen Diabetes. Wenn das öfter vorkommt, muss der Arzt informiert werden.

Unruhe und Agitiertheit

Krankhafte Unruhe (im Fachjargon Agitiertheit) ist das mitunter am häufigsten beschriebene Symptom bei Menschen mit Demenz. Sie kann sich in den unterschiedlichen Variationen bemerkbar machen – durch Umherlaufen oder Weglaufen, Rufen und Schreien, aber ebenso durch extreme Anhänglichkeit. Auch zwanghafte Handlungen, wie das Ein- und Ausräumen von Schränken, Schubladen oder dem Geräteschuppen, gehören zur Agitiertheit.

Formen von krankhaften Unruhezuständen

1. Ständiges Rufen oder andere akustische Störungen,
2. Apathie und Antriebslosigkeit,
3. Agitiertheit mit und ohne Aggressivität,
4. wandern und weglaufen,
5. kontrollieren und hinterherlaufen,
6. herumwerkeln im Garten, Kramen in Schubladen, Kleiderschränke ausräumen (Zimmer *aufräumen*),
7. zielloses Wandern, extremes Wandern ohne Pausen und in der Nacht.

Aggressivität

Aggressives Verhalten kommt ab der mittleren Stufe von Demenzerkrankungen häufiger vor. Als Auslöser werden oft starke Stimmungsschwankungen und die zunehmend geringere Impulskontrolle vermutet. Häufig ist der Mensch mit Demenz schlicht mit einer Situation (real oder eingebildet) überfordert und weiß sich einfach nicht anders zu helfen, als eben verbal oder auch handgreiflich aggressiv zu reagieren.

Ziel der meisten aggressiven Verhaltensweisen ist der Wunsch des betroffenen Angehörigen nach mehr Distanz und einfach *in Ruhe gelassen zu werden*. Weil er das aber eben nicht erklären kann oder sich nicht ernst genommen fühlt, platzt es dann aus ihm heraus. Dabei sind solche Ausbrüche selten zielgerichtet oder gar geplant. Es passiert *einfach*, was aber die Sache für die betreuenden Angehörigen nicht weniger schlimm macht.

In der dritten Phase der Demenz nehmen die psychischen Aussetzer nicht ab, sondern leider noch zu. Allerdings rücken die körperlichen Einschränkungen immer mehr in den Mittelpunkt. Die Pflege erfordert nun zwangsläufig mehr körperliche Nähe, die wiederum der betroffene Angehörige immer schlechter ertragen kann.

Die zwanghafte Unruhe, mit all ihren verschiedenen Ausprägungen, nimmt zu und wird durch die reduzierten Kommunikationsmöglichkeiten für beide Seiten – betroffene Angehörige und pflegende Angehörige – umso schwieriger.

Öfter kommt es in dieser Phase zu Gangunsicherheit und daraus resultierend zu Stürzen, die zumindest dem Umherwandern ein Ende setzen. Leichter wird dadurch die Pflegesituation jedoch nicht.

Für Angehörige: Wie Sie mit herausforderndem Verhalten umgehen können

Herausforderndes Verhalten braucht besonders viel Verständnis und Rücksichtnahme. Angesichts des provokanten Verhaltens, das betroffene Angehörige an den Tag legen, scheint das ziemlich viel verlangt.

Manchmal hilft ein kleines Gedankenspiel: Will man Demenz *fühlen*, dann muss man sich ein Leben in Zeitlupe vorstellen. Alles, was um einen herum passiert, ist schnell und hektisch, man selbst jedoch ist kaum in der Lage, bei diesem Tempo mitzuhalten. Es ist, wie wenn man nachts plötzlich aus dem Schlaf aufschreckt und für einen Moment nicht weiß, wo man ist. Es gibt gute und böse Traumsequenzen, die einem in solchen Momenten nachhängen und die verhindern, dass man ad hoc wieder *bei der Sache ist*. Solche Augenblicke hat jeder Mensch schon einmal erlebt.

Für Menschen mit Demenz sind sie Normalität. Sie erleben solche Szenen sowohl tagsüber als auch in der Nacht. Allerdings dauert bei ihnen die Phase, bis sie sich wieder zurechtgefunden haben, viel länger. In dieser Zeitspanne fühlen sie sich verloren und orientierungslos, können Nähe manchmal nur schwer ertragen und ärgern sich vielleicht auch maßlos über die eigene Hilflosigkeit. Es ist dabei nur allzu menschlich, wenn betroffene Angehörigen die Schuld für die eigene Fehlleistung anderen Menschen zuschieben.

Ebenso nachvollziehbar ist es, wenn Ihnen als pflegender Angehöriger dabei manchmal der Geduldsfaden reißt. Dann sind Sie drauf und dran, eine völlig sinnlose Diskussion vom Zaun zu brechen, die dann in der Summe alles nur noch schlimmer macht.

Umgang mit Angststörungen

Wie Sie der Angst, die Menschen mit Demenz umtreibt, begegnen können, war bereits in Kapitel 3 Thema. Bei der Ursachenforschung sind Sie als naher Angehöriger natürlich im Vorteil – und zwar dahingehend, als dass Sie vielleicht mehr über Phobien oder Traumata wissen, die die Lebensgeschichte des betroffenen Angehörigen geprägt haben. Krieg und Vertreibung, häusliche Gewalt oder Missbrauch – dieses und (leider) noch viel mehr können durch eine Demenz wiederbelebt und als Realität wahrgenommen werden. Argumentieren Sie nicht mit rein tröstenden Floskeln, sondern bieten Sie Schutz und Verständnis – auch, wenn es zugelassen wird, durch körperliche Nähe.

Manche Menschen mit Angststörungen wollen das allerdings nicht, dann sollte man sich auch nicht aufdrängen. Allein das Verstehen eines traumatischen Erlebnisses kann dann helfen, intuitiv richtig zu handeln.

Umgang mit Halluzinationen

Halluzinationen sind Begleiterscheinungen bei vielen Demenzerkrankungen. Häufig ist auch ein Mangel an Flüssigkeit eine Ursache für Wahnvorstellungen. Achten Sie daher auf die Trinkmenge des Angehörigen.

Auch ungewöhnliche Ereignisse oder aufregende Erlebnisse können kurzfristig Halluzinationen auslösen. Allerdings klingen diese mit etwas Ruhe auch meist von selbst wieder ab.

In der Situation an sich gelingt fast nie, einen Menschen mit Halluzinationen mit Vernunft zu beruhigen. Gehen Sie – selbst wenn die Situation noch so skurril ist – auf die Halluzinationen ein. Es nutzt eh nichts, zu widersprechen, zu diskutieren oder zu leugnen. Besser ist es, das erdachte Szenario aufzugreifen und etwas zu tun, zum Beispiel gemeinsam den Raum zu verlassen. Es hilft nichts, die Angst (die häufig mit der Halluzination einhergeht) zu übernehmen. Sagen Sie vielmehr: »Ich sehe zwar nicht, was du siehst, aber ich sehe, dass du Angst hast.«

Step by step:

- Bleiben Sie ruhig,
- beginnen Sie keine Diskussionen,
- leugnen Sie das subjektive Erleben des betroffenen Angehörigen nicht,

- übernehmen Sie jedoch auch nicht seine Sichtweise,
- werden Sie aktiv und handeln Sie konsequent und
- versuchen Sie, den betroffenen Angehörigen durch Körperkontakt zu beruhigen.

Wichtig: Sprechen Sie zuerst mit dem behandelnden Arzt. Oft sind plötzliche Halluzinationen durch Medikamente gut in den Griff zu kriegen, oder es kann, wenn die Nebenwirkungen bestimmter Arzneimittel die Halluzinationen begünstigen, durch eine Umstellung der Medikation geholfen werden.

Umgang mit Verkennung

Häufig kommt es vor, dass Menschen mit Demenz bestimmte Gegenstände völlig ihrem Zweck entfremdet benutzen. Solange dadurch kein Schaden entsteht, ist das erst einmal nicht dramatisch. Wenn allerdings die Gesundheit darunter leiden könnte, zum Beispiel weil der Erkrankte der Meinung ist, die Badewanne sei sein Bett, sollte vorsichtig versucht werden, das Vorhaben zu vereiteln.

Über harmlose Verwechslungen (oder Verkennungen) sollten Sie am besten hinwegsehen und diese nicht kommentieren. Legen Sie einfach den richtigen Gegenstand zu dem, der fälschlicherweise benutzt wurde, oder tauschen Sie beide aus.

Wie oben beschrieben, kann es auch vorkommen, dass betroffene Angehörige Blüten pflücken und essen, ebenso wie manche Zierpflanzen im Haus durchaus *appetitlich* aussehen. Natürlich sollte man darauf achten, dass keine giftigen Pflanzen im und vor dem Haus offen zugänglich sind.

Ganz wichtig ist es, den betroffenen Angehörigen nicht *dumm dastehen* zu lassen, wenn ihm solch eine Verwechslung passiert. Sagen Sie also nicht: »Aber das macht man doch nicht«, sondern versuchen Sie es mit »Schau mal, hiermit könnte man das auch machen …«

Auch die häusliche Umgebung kann manchmal *verkannt* werden – und wenn der betroffene Angehörige das eigene Bett nicht mehr findet, legt er sich vielleicht auf die Couch. Dann bringen Sie den Angehörigen (wenn nötig auch unter einem Vorwand) in sein eigentliches Schlafzimmer. Falls dieses nicht erkannt wird, schlagen Sie vor, doch heute einmal dort zu schlafen, weil in dem anderen Raum etwas renoviert werden muss.

Werden Gegenstände so zweckentfremdet, dass sie eine Gefahr darstellen, lässt man sie am besten verschwinden.

Was an die Nerven geht … Unruhe und Agitiertheit

Wenn Fähigkeiten nachlassen, versuchen Menschen mit Demenz, diesen Verlust zu kompensieren. Was unter dem Fachbegriff *Agitiertheit* zusammengefasst wird, sind Unruhezustände, die sich (wie oben beschrieben) auf ganz unterschiedliche Art und Weise zeigen. So oder so müssen sich pflegende Angehörige damit auseinandersetzen, weil es nicht nur verschiedene Ausprägungen, sondern auch die unterschiedlichsten Ursachen gibt. Im Wesentlichen kann man jedoch zwischen *verbalen* Unruhezuständen wie ständigem Rufen, Stöhnen, Jammern und *motorischer* Unruhe wie Umherlaufen, nicht stillsitzen können oder zwanghaft wiederholenden Tätigkeiten (ausräumen und aufräumen) unterscheiden.

Immer unterwegs: weglaufen, hinlaufen, verlaufen

Menschen mit Demenz haben ein zunehmendes Bedürfnis nach Bewegung. Das ist gut, weil es die Mobilität fördert, die Verdauung verbessert und auch *Glückshormone* freisetzt. Oft jedoch wird das Wandern zur Obsession und ist deshalb nicht nur belastend für pflegende Angehörige, sondern sogar gefährlich für den Menschen mit Demenz selbst. Nur damit man sich eine Vorstellung davon machen kann: Im fortgeschrittenen Stadium schaffen Menschen mit Demenz oft bis zu 8 Kilometer Laufstrecke pro Tag – und das zumeist nur innerhalb der Wohnung oder im angrenzenden Garten.

Bremsen lassen sich die hyperaktiven Läufer zumeist nicht, und auch die Mediziner sehen darin eher ein *sinnvolles* Symptom. Denn bei zunehmendem Verlust von Sprache wird eine innere Anspannung aufgebaut, die sich (im Guten) eben nur durch vermehrte Bewegung abbauen lässt. Es bedarf also keiner regelrechten Behandlung oder gar des Einsatzes von Medikamenten. Allerdings muss ausreichend Platz dafür zur Verfügung stehen und der *Lauf-Parcours* sollte frei von Stolperfallen sein. Ideal wäre es, wenn eine Art *Endlos-Rundgang* möglich ist, sodass der Weg sozusagen *nie ein Ende findet*. Allerdings kann es dann auch zu ungewollter *Gewichtsreduktion* kommen.

Ursachenforschung

Auf den ersten Blick scheint es kaum notwendig, nach den möglichen Ursachen zu forschen. Allerdings muss man auch ausschließen können, dass es einen mitunter ernsteren Hintergrund gibt. Mögliche Ursachen sind innere Anspannung oder Nervosität, die oftmals durch krankhafte Veränderungen im Gehirn hervorgerufen werden. Aber andere mögliche Ursachen sind eben auch Schmerzen, die durch Bewegung weniger werden, Verdauungsprobleme (zum Beispiel Verstopfung), die so gelindert werden, oder Verwirrtheit aufgrund mangelnder Alltagsstruktur. Man muss sich also fragen, ob es sich um ein aktuelles Problem handelt oder eines, was in der Vergangenheit akut war und nun neu belebt wird. Deshalb gilt es, genauer hinzuschauen und zu klären, ob die betroffenen Angehörigen weglaufen, hinlaufen oder sich *verlaufen* haben.

Zeigen betroffene Angehörige das starke Bedürfnis, wegzulaufen, so kommen zwei mögliche Ursachen und entsprechend noch viel mehr Auslöser in Betracht.

Ursache 1 – Der betroffene Angehörige will dort, wo er ist, nicht bleiben.

Ursache 2 – Der betroffene Angehörige hat etwas *Wichtiges* zu erledigen.

Wenn Menschen mit Demenz weglaufen, kann das Indiz dafür sein, dass sie sich dort, wo sie gerade sind, nicht wohl und sicher fühlen. Häufig wird das bei Menschen beobachtet, die in ein Pflegeheim umgezogen sind. In der Eingewöhnungsphase betrachten sie ihre neue Umgebung unter Umständen als bedrohlich. Doch auch betroffene Angehörige, die zu Hause betreut werden, zeigen häufiger die Tendenz wegzulaufen. Das ist unter Umständen dann der Fall, wenn sie in der Vergangenheit sehr weit *zurückreisen,* sodass sie sich in einer Situation glauben, wo sie das Haus verlassen mussten oder wollten, zum Beispiel nach einem heftigen Streit mit der Familie oder dem Ehepartner. Auch wenn sie beruflich früher einmal oft unterwegs waren, kann das ein Grund sein, warum sie jetzt *die Koffer packen*. In letzterem Fall spricht man auch von *hinlaufen*, nämlich dann, wenn der Betroffene ein Ziel oder eine *Aufgabe* hat, die er erledigen will.

Um Umgang mit Weglauf- bzw. Hinlauf-Verhalten sind die Ursachen höchst spannend, und es hilft nur, den Grund zu eruieren und dann, *zeitlich angepasst*, sich eine Notlüge einfallen zu lassen. Will ein betroffener Angehöriger zur Arbeit, dann erklären Sie ihm, dass er doch Urlaub hat oder gerade Wochenende ist. Will er die Kinder aus der Schule abholen, dann sind gerade Ferien. Will er gar ausziehen, weil Sie sich so gestritten haben, dann führen Sie sich eine solche Situation aus der Vergangenheit vor Augen und appellieren Sie zum Beispiel an sein Verantwortungsbewusstsein gegenüber der Familie. Alles, was entweder logisch klingt oder an das *Herz* appelliert, kann den betroffenen Angehörigen von seiner fixen Idee abbringen.

Das Weglaufen birgt immer die Gefahr, sich zu verlaufen. Die Orientierungslosigkeit (selbst in bekannter Umgebung) bringt zahllose unkontrollierbare Situationen mit sich, die man besser vermeidet. Hilfreich sind Fußmatten, die beim Öffnen der Haustür Alarm schlagen, oder ein GPS-Sender in der Jackentasche. Sprechen Sie mit Nachbarn, dass Sie informiert werden, wenn man den betroffenen Angehörigen sieht, wie er alleine unterwegs ist.

Manchmal ist allerdings das Umherwandern auch ganz harmlos. Es stärkt das Selbstwert- und Körpergefühl, gibt betroffenen Angehörigen eine gewisse Entscheidungsfreiheit und wirkt sich positiv auf ihre Stimmung aus. Vielleicht drücken betroffene Angehörige dadurch aber auch nur aus, dass sie etwas verloren haben und deshalb auf der Suche sind – beispielsweise nach einem Gegenstand, einem Menschen aus ihrer Vergangenheit oder allgemein nach Sicherheit und Geborgenheit.

Ständiges Rufen

Wenn die dritte Demenzphase erreicht ist, dann gehört ständiges Rufen zu den nervenaufreibendsten Begleiterscheinungen im täglichen Zusammenleben. Es ist sehr oft die Angst, alleingelassen zu sein, die betroffene Angehörige dazu antreibt. Durch das unaufhaltsame Rufen fordern sie eine Antwort ein, die ihnen bestätigt, dass sie eben nicht alleine sind.

Dieses ständige Wiederholen einzelner Worte oder auch immer gleicher Fragen kann für betreuende Angehörige extrem belastend werden. Es zerrt an den Nerven wie kaum eine andere Verhaltensweise. Bevor es Sie wütend macht, sollten Sie sich um Unterstützung bemühen. Schaffen Sie sich Freiräume durch andere Familienangehörige oder externes Pflegepersonal.

Manchmal lassen sich Gründe für das ständige Rufen herausfinden, zum Beispiel, wenn der betroffene Angehörige in seiner Vergangenheit (etwa der Kindheit) feststeckt, die sehr belastend war (wie beispielsweise durch Kriegserlebnisse). Wenn Sie wissen, was Ihrem Angehörigen Angst macht, können Sie besser darauf eingehen.

- Probieren Sie alles aus, was ihn ablenken könnte. Suchen Sie Beschäftigungen, die beruhigen, und erklären Sie ihm, was Sie tun oder warum Sie beispielsweise kurz den Raum verlassen müssen.
- Manchmal ist es auch einfach die Stille, die durch ständiges Rufen vertrieben werden soll. Dann lässt sich durch Musik oder den laufenden Fernseher gegensteuern.

- Vor allem aber bleiben Sie dran! Das unablässige Rufen oder Fragen hat eine Ursache, selbst, wenn Sie manchmal den Eindruck haben, Ihr betroffener Angehöriger wolle Sie nur ärgern. Er will sicher vieles, aber ärgern will er Sie nicht.

Aggressives Verhalten

Dass, was man als *aggressives Verhalten* bezeichnet, ist schlussendlich nicht mehr als eine typische Abwehrreaktion von Gefühlen des Ausgeliefertseins und der Angst. Die Sorge, dass etwas mit einem geschieht, worüber man keine Kontrolle mehr hat, lässt die betroffenen Angehörigen die Kontrolle verlieren. Leider werden die meisten Pflegenden solch eine Erfahrung gemacht haben (oder noch machen).

Wie so oft, kann man auf aggressives Verhalten nur dann angemessen reagieren, wenn man die Ursache herausgefunden hat. Lesen Sie über diese *Spurensuche* mehr am Ende dieses Kapitels.

Auf alle Fälle kommt, selbst wenn es so scheint, aggressives Verhalten selten aus dem Nichts heraus. Es gibt eine Vorgeschichte, es gibt Vorboten, die das Ausrasten ankündigen. Kennt man beides, dann kann man daran arbeiten, solches Ausrasten zu vermeiden.

Bis dahin gibt es nur eine Empfehlung: Bringen Sie sich in Sicherheit! Verlassen Sie den Raum, gehen Sie in Deckung, wenn der betroffene Angehörige mit Dingen um sich wirft. Zumeist dauert solch ein Anfall nur kurz.

Häufig ist Bevormundung die Ursache. Im täglichen Zusammenleben agieren pflegende Angehörige (ganz ungewollt) über den Kopf des betroffenen Angehörigen hinweg. Es gibt so viele kleine Dinge, die getan werden müssen, und es ist verständlicherweise auch lästig, stets die Zustimmung des Menschen mit Demenz abzuwarten. Versuchen Sie trotzdem, wann immer möglich, Wahlmöglichkeiten zu geben, auch wenn es nur um Kleinigkeiten geht. Am leichtesten lässt sich die Wahl zwischen zwei Möglichkeiten treffen, da mehr Auswahl wiederum eine Überforderung darstellen kann.

Am besten wehrt man den Anfängen und verlässt gleich den Raum, wenn sich aggressives Verhalten ankündigt. Wenn man zurückkommt, wechselt man gleich das Thema und geht so über den Zwischenfall hinweg. Alles andere wäre sinnlos.

Machen Sie jedoch deutlich, dass Sie wiederholtes aggressives Verhalten nicht akzeptieren und Sie sich dann auch nicht mehr um ihn kümmern.

Manchmal sind betroffene Angehörige so wütend, dass sie etwas kaputt machen müssen. Da werden Pflanzen ausgerissen, Geschirr zerschlagen oder Kleidung zerschnitten.

Über Geschmack lässt sich streiten

Häufiger Streitpunkt zwischen betroffenen Angehörigen und denen, die sich kümmern, ist das Essen. Nicht jedes Gericht fördert den Appetit, nicht alle Speisen sind gleich gut verträglich. Hinzu kommt, dass Geschmäcker bekanntlich verschieden sind, und zu allem Überfluss verändert eine Demenzerkrankung auch das Empfinden dafür.

Von einer Demenz sind früher oder später alle Hirnregionen betroffen, darunter natürlich auch die Sinnesverarbeitung. So wird ein und dasselbe Gericht an einem Tag als viel zu salzig empfunden, während es am nächsten Tag angeblich nach nichts schmeckt.

- Stellen Sie zu den Mahlzeiten Gewürze bereit.
- Wenn Sie selbst kochen, würzen Sie eher sparsam am Topf und dann individuell auf dem Teller.
- Lieblingsspeisen sind nicht immer beliebt, deshalb wundern Sie sich nicht, wenn etwas Selbstgekochtes mal gelobt und dann wieder verweigert wird.
- Auch an aufeinanderfolgenden Tagen immer das Gleiche essen zu wollen, erscheint vielleicht langweilig, dürfte aber kein Problem darstellen.

Vorsicht ist geboten, wenn betroffene Angehörige Dinge in den Mund stecken, die so gar nicht bekömmlich sind. Achten Sie darauf, dass Pflanzen und Blüten in Haus und Garten keine Giftstoffe enthalten.

Zu warm, zu kalt – egal!

Es gibt Menschen, denen ist ständig zu warm, und solche, die frieren selbst bei Sonnenschein. Im Alter ist der innere Thermostat ohnehin eher frostig eingestellt, und deshalb kann man das eigene Temperaturempfinden nie eins zu eins auf betroffene Angehörige übertragen.

Das Wärme- bzw. Kälteempfinden verändert sich im Laufe des Lebens und auch bei einer Demenz. Und dass die Jahreszeiten mit den entsprechenden Wetterlagen einhergehen, hat sich sowieso verändert.

Diesbezüglich sollte man nicht diktatorisch sein: Im Sommer den Wintermantel anziehen? Wen kümmert es?

- Lassen Sie betroffenen Angehörigen, wann immer möglich, ihren Willen.
- Wenn Sie gemeinsam unterwegs sind, nehmen Sie alternative Kleidungsstücke mit.
- Manchmal hat die unpassende Kleidung aber auch andere Gründe, die nichts mit Kälteempfinden zu tun haben. Lange Ärmel oder enge Kragen können als störend empfunden werden, manchmal ist es aber auch die Farbe, die als schön bzw. unmöglich angesehen wird.

Ist das nicht schön?

Was dem einen gefällt, findet der andere schrecklich. In Bezug auf die zahllosen Ratschläge, die Sie in den letzten Kapiteln gelesen haben, gilt, dass man nicht alles umsetzen muss, was möglich ist. Und nicht alles was möglich ist, muss auch gefallen.

- Achten Sie auf die Körpersprache und Mimik des betroffenen Angehörigen, wenn Sie versuchen, beispielsweise mit Düften, eine entspannte Atmosphäre zu gestalten. Was bei Ihnen funktioniert, kann beim betroffenen Angehörigen durchaus die gegenteilige Wirkung haben.
- Selbst die schönste Wohlfühl-Oase bringt keine Erleichterung in der Betreuung, wenn an Demenz erkrankte Mitbewohner darauf irritiert oder verwirrt reagieren. Schauen Sie also genau hin.

Zwischen Pflicht und Toleranz

Im Alltag mit betroffenen Angehörigen kommt es (je nach Demenzphase) immer wieder zu lästigen Diskussionen. An sich sollte man diese ja vermeiden, doch wenn es um scheinbar wichtige Regeln geht, gerät selbst der geduldigste Betreuer manchmal an seine Grenzen. Da stellt man sich natürlich die Frage, was man einfach tolerieren kann und wo die Grenze zur Selbstgefährdung überschritten ist. Die Gründe für die Verweigerungshaltung sind oft ein Mix aus diffusen Ängsten, Misstrauen und schlichter Vergesslichkeit. Gerade ab der zweiten Phase fühlen sich pflegende Angehörige oft in einer Zwickmühle aus Pflicht und Toleranz.

Verweigerung von Medikamenten

Die Diskussion um die Medikamente gehört zum Alltag im Zusammenleben mit betroffenen Angehörigen. Insbesondere dann, wenn die Einnahme von Medikamenten verweigert wird, ist man mit seiner Geduld schnell mal am Ende. Vor allem, wenn das Bewusstsein für die Erkrankung fehlt, die Notwendigkeit von Arzneimitteln nicht eingesehen wird oder paranoide Gedanken vorherrschen, wird es schwierig. Dabei sollten Medikamente gemäß den ärztlichen Verordnungen eingenommen werden. Doch wie soll das gehen, wenn der Patient so uneinsichtig ist?

Rein rechtlich kann man jemanden höchstens dann gegen seinen Willen zur Tabletteneinnahme oder überhaupt zu einer medizinischen Therapie zwingen, wenn es lebensbedrohlich wird. Sie können Menschen mit Demenz also nicht zwingen, Medikamente zu schlucken, die er nicht schlucken will. Untermogeln ist auch keine gute Idee, denn findet er es heraus, so fühlt er sich verraten und verkauft, und das Misstrauen, das er ohnehin hegt, wird bestätigt.

Selbst wenn das Medikament noch so wichtig ist, wird der betroffene Angehörige es nicht schlucken, wenn er nicht will. Akzeptieren Sie das, und bemühen Sie sich um eine diplomatische Lösung:

- Wird die Einnahme abgelehnt, versuchen Sie es später noch einmal. Wenn es möglich ist, schicken Sie eine andere Person vor, die Medikamente zu bringen. Oft reicht das schon aus, damit der betroffene Angehörige dann doch mitmacht.
- Auch der Pflegedienst kann die Verabreichung von Medikamenten übernehmen. Oft reagieren betroffene Angehörige auf Unbekannte deutlich weniger ablehnend als auf Familienmitglieder.
- Man könnte auch ein tägliches Ritual daraus machen, indem man sagt: »Ich nehme jetzt meine Tabletten, du deine. Ist halt so, wir sind über 60, da braucht man Tabletten.« Auf diese Weise bekommt die Tabletteneinnahme

eine Normalität, und man geht weg von der Ansage: »Du bist krank, du musst jetzt deine Tabletten nehmen.«

Fragen Sie Ihren Angehörigen, worin das Problem liegt. Vielleicht lässt sich das ja lösen. Beispielsweise haben viele ältere Menschen Probleme beim Schlucken der kleinen oder größeren Pillen. Dann könnte man den Arzt um eine andere Darreichungsform bitten.

Alternativ kann man Tabletten auch in einem Mörser zerstoßen und mit Joghurt, Pudding oder Apfelmus mischen. Damit fällt das Schlucken leichter.

Und: Sprechen Sie mit dem behandelnden Arzt, er kann Ihnen Hinweise geben, wie Sie mit einer Verweigerung der Medikamente umgehen sollen.

Verweigern von Getränken

Viele ältere Menschen trinken insgesamt zu wenig, da machen Menschen mit Demenz keine Ausnahme. Das ist schlecht, denn das kann zu Halluzinationen und Verwirrungszuständen führen. Wird der Elektrolythaushalt nachhaltig gestört, bereitet das auch körperliche Schmerzen. Im Extremfall muss eine Infusion gelegt werden, um das Defizit auszugleichen.

Deshalb:

- Stellen Sie stets etwas zu trinken bereit, beispielsweise zu den Mahlzeiten oder bei ruhigen Tätigkeiten.
- Versuchen Sie, durch verschiedene Gläser und Becher mehr Abwechslung in die Alltagsroutine zu bringen. Bieten Sie verschiedene Säfte – mit und ohne Wasser gemischt – an.
- Richten Sie ein *Getränke-Depot* ein, um die ausreichende Trinkmenge zu kontrollieren. Zwei Flaschen Mineralwasser täglich decken zumindest den Grundbedarf. Sind die zwei Wasserflaschen am Ende eines Tages geleert, können Sie wenigstens sicher sein, dass der Flüssigkeitshaushalt stimmt.
- Trinken Sie gemeinsam und stoßen Sie dabei auf jeden Schluck an. Gemeinsamkeit fördert zudem die Bindung.

Übrigens: Häufig trinken Senioren weniger, weil sie denken, dadurch nicht so oft zur Toilette zu müssen. Das stimmt natürlich nicht, aber ausreden kann man es einem betroffenen Angehörigen oft auch nicht.

Verweigerung von Nahrung

Mangelernährung bei Senioren mit Demenz ist gar nicht so selten. Warum aber Nahrung verweigert wird, kann ganz unterschiedliche Gründe haben (vgl. »Über Geschmack lässt sich streiten« in diesem Kapitel, s. oben): Das reicht von der Veränderung des Geschmackssinns über eine negative Verknüpfung mit einem bestimmten Gericht bis hin zur Lebensmüdigkeit. Je weiter die Demenz fortschreitet, desto schwieriger wird die Ursachenforschung. Ein Versuch ist es jedoch allemal wert:

- Ist es das Gericht, was abgelehnt wird?
- Oder ist es der Zeitpunkt, zu dem gegessen werden soll?
- Glaubt der Erkrankte unter Umständen, schon gegessen zu haben?

Die Beantwortung dieser Fragen bietet zumindest einen Ansatzpunkt zur Lösung des Problems.

Wenn das Gericht abgelehnt wird, dann streichen Sie es vom Speiseplan. Es kann sein, dass es in der Lebensgeschichte des betroffenen Angehörigen dazu negative Verknüpfungen gibt. Ebenso kann es eine Marotte sein, in bestimmten Phasen immer wieder ein und dasselbe essen zu wollen. Selbst wenn es für Sie nicht nachvollziehbar ist, geben Sie dem Essenswunsch nach.

Wenn der Zeitpunkt, zu dem gegessen werden soll, nicht passt, dann beharren Sie nicht darauf. Nachdem sich für betroffene Angehörige das Zeitempfinden ohnehin verschiebt, können auch die Mahlzeiten *aus der Reihe tanzen*.

Häufig fühlen sich betroffene Angehörige von festen Essenszeiten bevormundet und verweigern deshalb die Nahrung. Auch bereits gefüllte Teller werden oft verweigert. Lassen Sie also *Selbstbedienung* zu, dann wird eher aufgegessen.

Wenn Ihr betroffener Angehöriger der festen Meinung ist, bereits gegessen zu haben, lassen Sie ihn gewähren, und versuchen Sie es später noch einmal. Stellen Sie das Essen (wenn möglich) in Sichtweite, sodass er sich beim nächsten Hungergefühl daran erinnert.

Achten Sie auf Veränderungen im Geschmacksempfinden. Oft werden die Gerichte als zu süß oder salzig empfunden, dann wieder ist angeblich zu wenig Geschmack am Essen. Stellen Sie am Esstisch Gewürze bereit!

Extreme Unhöflichkeit

An Demenz-erkrankte Menschen neigen besonders ab der zweiten Phase der Krankheit zu extremer Unhöflichkeit oder es mangelt an Einfühlungsvermögen. Verletzende Kommentare und unangemessene Äußerungen bringen Sie dann immer öfter in Verlegenheit.

Solche unreflektierten Bemerkungen sind aber nicht böse gemeint, sondern lediglich *ausgesprochene Gedanken*. Dass das durchaus als unangemessen empfunden werden kann, ist nur allzu verständlich.

Natürlich ist Ihnen das peinlich, wenn zum Beispiel Ihr Angehöriger eine wildfremde Person auf ihr offensichtliches Übergewicht anspricht. Wenn das zum ersten Mal passiert, ist man natürlich perplex, peinlich berührt und schlicht sprachlos.

Aber wie reagiert man richtig? Möchte man solch eine Situation aus dem Weg räumen, dann erklärt man der Person, die sich angegriffen fühlt, dass das im Zusammenhang mit einer Krankheit passiert und dass Sie sich dafür entschuldigen möchten.

Einem ersten solchen *Ausfall* werden weitere folgen. Deshalb wäre es gut, sich schon im Vorfeld Ablenkungsmanöver zu überlegen, durch die Sie Ihren Angehörigen davon abbringen, einfach auszusprechen, was er gerade denkt.

Versuchen Sie, das Problem einzugrenzen: Gibt es spezielle Situationen oder Personen, die solche verbalen Ausbrüche begünstigen? Lässt sich ein Zusammenhang zu gewissen Orten (zu Hause, beim Arzt oder unterwegs) herstellen? Manchmal hilft solch eine Motivsuche, um die Ausbrüche zu minimieren oder zu vermeiden.

Das ist nicht meins

Gegen Ende der zweiten Phase der Demenzerkrankung wird der betroffene Angehörige seine Dinge nicht mehr als sein Eigentum wiedererkennen. Manch ein Betroffener beschwert sich gar darüber, dass so viele unnütze Sachen herumstehen. Wenn sein Zuhause auch Ihr Zuhause ist, fällt es natürlich schwer, das auszuhalten. Dennoch weiß man, dass eine eher *übersichtliche* Umgebung dem betroffenen Angehörigen mehr Orientierung und Sicherheit vermittelt.

Bieten Sie deshalb an, was stört zu entfernen. Räumen Sie diese Dinge an einen (verborgenen) anderen Ort oder sammeln Sie sie in einer Kiste. Häufig wechselt nämlich das *ist nicht meins* mit *wo sind all meine Sachen hin?*

Sie mit einer fadenscheinigen Erklärung wieder hervorzuzaubern, beruhigt dann schnell wieder die Gemüter. Verschenken Sie nichts, auch keine Kleidungsstücke, die lange nicht mehr passen oder getragen werden. Spätestens dann, wenn der betroffene Angehörige sie an einer anderen Person wiedererkennt, ist das Geschrei groß.

Das kann weg!

Der Verlauf einer Demenzerkrankung geht mit einer Verschiebung des Wertesystems einher. In der ersten Phase wissen die Betroffenen noch, was ihnen gehört und was welchen (emotionalen, idealen oder realen) Wert hat. Es steht das Sicherheitsbewusstsein im Vordergrund, sodass die wirklich wichtigen Dinge (Geldbeutel, Ausweis und Schlüssel) stets griffbereit oder alternativ an einem *sicheren Ort* verwahrt werden. Da man sich aber zunehmend nicht mehr daran erinnert, was *sicher* war, verbringt man viel Zeit mit dem Suchen. Um sich mehr Überblick zu verschaffen, wird ausgemistet, und Dinge kommen abhanden, die vielleicht für andere Familienmitglieder noch einen Wert darstellen.

Deshalb:

- Gehen Sie gemeinsam mit dem betroffenen Angehörigen regelmäßig die Wohnung durch und sammeln Sie *das, was weg kann,* in einem Karton oder bringen Sie diese Dinge zumindest aus dem Blickfeld.
- Beim Einkaufen werden häufig Sachen mehrfach gekauft (*Hamstern*) – oder aber mehrfach vergessen. Auch kann es zu kleineren Missverständnissen kommen, wenn gekaufte Ware nicht bezahlt wird. Die Einsicht in das Unrecht schwindet allmählich.

Das ist zwar unangenehm, doch es kann in der Regel durch ein klärendes Gespräch mit dem Geschäftsinhaber gelöst werden.

Mit zunehmender Demenz wird das Unrechtsbewusstsein über die Besitzverhältnisse immer geringer. Ein bisschen renitent können betroffene Angehörige versuchen, zum Beispiel Gegenstände aus Nachbars Garten zu entfernen oder wertvolle Erbstücke in der Mülltonne zu entsorgen. Der Bezug von *mein und dein* löst sich zunehmend auf.

- In der Vorstellung des betroffenen Angehörigen handelt er völlig normal und an sein Schuldbewusstsein appelliert man vergebens.
- Das Einzige, was man tun kann, ist der Versuch, herauszufinden, was ursächlich dahintersteckt.
- Seien Sie nicht enttäuscht, wenn Sie keine Ursache finden – zumindest keine, die als Entschuldigung taugt.
- Vermeiden Sie Diskussionen und Streit um die Eigentumsverhältnisse. Räumen Sie aus dem Weg, was Ihnen wichtig ist.

Wer bist du?

Wenn Demenzerkrankte selbst ihre nahen Angehörigen nicht mehr erkennen, ist das nichts, über das man einfach so hinweggehen kann. Selbst wenn man theoretisch darauf vorbereitet ist, dass das irgendwann einmal passieren kann, ist es doch ein Schock, wenn es so weit ist. Überstürzen Sie jedoch nichts, selbst wenn Ihnen eine Erwiderung unter den Nägeln brennt:

- Reden Sie behutsam mit dem Erkrankten.
- Für ihn ist die Situation mindestens genauso schlimm wie für Sie.
- Stellen Sie sich vorsichtig vor und warten Sie seine Reaktion ab.

Wenn Ihr betroffener Angehöriger jedoch weiterhin der Meinung ist, Sie seien kein Angehöriger von ihm, spielen Sie mit.

- Erklären Sie nicht zu viel und bleiben Sie freundlich.
- Sagen Sie einfach: »Ich bin Anna, und ich möchte Ihnen ein bisschen Gesellschaft leisten.«
- Je entspannter Sie mit der Situation umgehen, desto einfacher löst sich das Missverständnis auf.

Dennoch werden einem ersten *Nicht-mehr-Erkennen* weitere Zwischenfälle folgen. Holen Sie sich Hilfe, wenn Sie mit solchen Situationen überfordert sind. Selbsthilfegruppen und Therapeuten können Ihnen helfen, besser mit dem Vergessen umzugehen.

Tipp: Passiert das Vergessen regelmäßig, platzieren Sie ein Foto von sich mit Namen und ggf. einer kurzen Erklärung in der Umgebung des Erkrankten.

KAPITEL 5

Mit Demenz leben – Überforderung vermeiden

Die Diagnose *Demenz* ist ein Einschnitt ins Leben. Das gilt nicht nur für betroffene Angehörige, sondern in besonderem Maß auch für Pflegende und Betreuende. Steht man einem Menschen mit Demenz nahe, dann trifft die Diagnose immer sehr hart. Und selbst wer sich professionell um Menschen mit Demenz kümmert, ist davon stets aufs Neue betroffen. Je näher man dran ist, desto intensiver wirkt es nach.

Alleine die Vorstellung, den Zugang zu einem geliebten Angehörigen, ganz gleich ob Vater, Mutter oder Lebenspartner, in absehbarer Zeit zu verlieren, löst Angst und Schrecken aus. Es führt zu Verzweiflung und Überforderung. Ein Leben ohne morgen – einfach unvorstellbar.

Der Fokus richtet sich ganz automatisch auf den betroffenen Angehörigen mit Demenz. Nichts anderes zählt in diesem Moment. Dabei wäre es gerade schon zu Beginn so wichtig, den Überblick zu bewahren. Denn da ist eben nicht nur der Erkrankte, sondern auch der Mensch (meist ist es ja nur einer), der sich kümmert. Das ist noch lange keine Selbstverständlichkeit in einer Welt, die zunehmend zur egoistischen Single-Gesellschaft wird.

Es ist gut und schön, füreinander da zu sein. Doch niemand verlangt von Pflegenden, dass sie sich selbst dafür aufgeben. Umso wichtiger ist es für Angehörige von Anfang an, nicht nur die an Demenz erkrankte Person im Auge zu behalten, sondern eben auch sich selbst. Um gesund zu bleiben, sollten die, die sich kümmern, von Verwandten, Freunden, Nachbarn und professionellen Pflegekräften Hilfe einfordern. Das schafft Freiräume, schützt vor Überlastung und verhindert, dass die Demenz eines Familienmitglieds das eigene Leben vollständig bestimmt.

Wie so vieles, was an Ratschlägen kursiert, ist das leichter gesagt als getan. Kein Wunder also, wenn so manchem Betreuer emotional *das Messer in der Tasche aufgeht*, wenn noch mehr Geduld und *liebevolle Zuwendung* gefordert wird. In diesem Kapitel ist es gerade anders herum: Liebevolle Zuwendung und Geduld brauchen eben auch die Betreuer, die mit Demenz leben müssen und deshalb ständig in Gefahr sind, sich selbst zu überfordern.

Die anderen Opfer der Demenz: Pflegende Angehörige

Die Diagnose einer chronischen oder lebensbedrohlichen Erkrankung trifft nie nur den erkrankten Patienten allein. Sie wirkt sich gleichermaßen auf die nächsten Angehörigen aus. Die Grundlage dafür ist die Verbundenheit, die in allen Zweierbeziehungen, aber auch innerhalb einer Familie, entwickelt wird, sodass man *mitfühlen* kann, wie es den nahen Angehörigen geht. Für Demenz gilt das in besonderem Maß, denn nur wenige Krankheiten fordern Familienmitglieder so allumfassend und nehmen so viel Raum ein. Im englischen Sprachgebrauch spricht man von *beholders disease*, was man sinngemäß mit *die Krankheit der Menschen, die zuschauen müssen* übersetzen kann. Jeder Mensch mit Demenz hat durchschnittlich fünf solcher *Zuschauer* – so die Statistik. Am heftigsten betroffen sind natürlich die Angehörigen, die mit Menschen mit Demenz zusammenleben und diese entsprechend Tag und Nacht um sich haben.

Im fortgeschrittenen Stadium der Erkrankung können betroffene Angehörige praktisch nicht mehr allein gelassen werden. Sie benötigen rund um die Uhr Aufmerksamkeit, Ansprache und Orientierung. In der Konsequenz bedeutet das, dass pflegende Angehörige immer weniger Zeit haben, eigenen Interessen oder gar Hobbys nachzugehen. Der Zeitmangel ist eine Sache, eine ganz andere ist die Scham, über das vielleicht herausfordernde (und unangemessene) Verhalten des betroffenen Angehörigen. So werden Beziehungen zu Freunden und Verwandten vernachlässigt oder aufgegeben, um diese peinlichen Umstände zu verbergen.

Zudem sind pflegende Angehörige, die sich um ein Familienmitglied mit Demenz kümmern, von den gegensätzlichen Ansprüchen der Pflege förmlich *zerrissen*. Einerseits wissen sie, dass es die Pflege erfordert, eine enge emotionale Bindung zu dem betroffenen Angehörigen aufrechtzuerhalten. Andererseits müssen sie täglich ein kleines Stück von dem Menschen Abschied nehmen, der er früher einmal war. Unter dem großen Druck leiden manchmal die Gefühle, die man für den betroffenen Angehörigen eigentlich empfindet, oder aber sie werden von Wut und Resignation abgelöst.

Es sind also mehr die psychischen Belastungen als die körperlichen Anstrengungen, die zermürben und langfristig die Gesundheit beeinflussen. Es ist schon signifikant, dass Menschen mit Demenz rein äußerlich zumeist *wie aus dem Ei gepellt* daherkommen, während die pflegenden Angehörigen bedrückt und niedergeschlagen, übermüdet und fahrig wirken. Viele sind dem Zusammenbruch näher als dem blühenden Leben.

Was vor allem belastet, ist:

- die fortwährende, unablässige Aufmerksamkeit,
- die veränderte Beziehung und zunehmende Isolation,
- die unsichere Zukunft und die steten Sorgen (um Geld, Wohnraum, mögliche Gefahren usw.),
- die kühle Selbstverständlichkeit, mit der jede Hilfe angenommen wird und für die es kein *Danke* und keinen Ausgleich gibt,
- der Mangel an Kommunikation und Austausch von Gefühlen,
- der gestörte Tag-Nacht-Rhythmus und damit verbunden die Folgen von Schlafentzug.

Und das ist nur eine kleine Auswahl dessen, was das Zusammenleben im Alltag so mit sich bringt. Dabei wäre es so wichtig, auch den schönen Seiten der Pflege wieder mehr Raum zu geben – aber das geht eben nur, wenn man die eigenen Grenzen der Belastbarkeit erkennt und einhält. Schlussendlich profitiert auch der an Demenz erkrankte Mensch von der Entspannung und Ausgeglichenheit, weil sich die positive Grundstimmung des Betreuenden auch automatisch auf ihn überträgt.

Wie pflegende Angehörige durch die Demenz belastet werden

Ist Demenz ansteckend? Nein, natürlich nicht. Dennoch fühlen sich manche Betreuer und Pflegende genauso, wie sie es bei ihrem betroffenen Angehörigen täglich miterleben. Wandert der Mensch mit Demenz unruhig hin und her, findet man selbst auch keine Ruhe. Die Schlaflosigkeit des betroffenen Angehörigen lässt auch den pflegenden Lebenspartner schlecht schlafen. Unruhe und Anspannung erzeugen Druck, und wer pflegt, der steht nicht selten extrem unter Druck. Ist die Anspannung zu stark, bleibt die Flexibilität auf der Strecke. Es wird immer schwieriger, die Balance zwischen Nähe und Distanz zu finden. Diese ist jedoch so dringend notwendig, weil einen sonst die Sorge auffrisst.

Aber Pflegende fühlen sich auch hilflos, weil sie manchmal Angst vor der Nähe bekommen, weil sie fürchten, sie dürfen das alles nicht zu nah an sich heranlassen. Das nennt man dann *emotionale Überforderung*, die in der Konsequenz zu noch mehr Distanz und zur Entfremdung führen kann.

In der ersten Phase der Demenzerkrankung stehen beim pflegenden Angehörigen Unglaube und Verleugnung im Vordergrund. Er spiegelt damit quasi die Emotionen des eigentlich Betroffenen wider und übernimmt diese.

Unglaube und Verleugnung

Der Diagnoseschock trifft beide Seiten gleichermaßen, und Betreuende suchen stellvertretend für den betroffenen Angehörigen nach Ausreden und Erklärungen. An Demenz zu erkranken, wird als Niederlage gewertet, und zwar insofern, als dass man es nicht schon früher gemerkt hat. Absurderweise kommt einem auch der Gedanke, der betroffene Angehörige verhalte sich nur so extrem vergesslich, um einen bewusst zu ärgern.

All das gehört zur Verleugnung, denn die Seele lässt eine so dramatische Wahrheit nur nach und nach ins Bewusstsein eindringen. Es braucht Zeit, die Diagnose zu verarbeiten. Das Tempo, mit dem die Wahrheit vom Kopf bis zum Herzen kommt, ist individuell unterschiedlich. Die meisten Menschen wollen *erstmal nichts davon wissen*, selbst wenn die Fakten der Diagnose dagegenstehen. Das ist ein natürlicher Schutzmechanismus, wenn man das ganze Ausmaß einer Veränderung nicht fassen kann.

Aber natürlich reagiert auch nicht jeder Mensch gleich. Es gibt Menschen, die schwerwiegende Diagnosen scheinbar gleichmütig annehmen. Für sie ist es unter Umständen besser, schnellstmöglich Klarheit zu haben, um sich der kommenden Zeit bewusst zu stellen.

Wut

Warum ich? Warum wir? Wie soll ich das bloß schaffen? Bei der Diagnosestellung projiziert man die schlechte Nachricht gern auf den Überbringer der Botschaft – den Arzt oder die Ärztin. Öfter jedoch richtet sich die Wut gegen den an Demenz Erkrankten selbst. Das ist nur allzu menschlich. Doch es bringt niemanden auch nur einen Schritt weiter.

Jeder Angehöriger denkt irgendwann so und stellt sich diese Fragen. Denn jede zwischenmenschliche Beziehung kennt außer Liebe auch die Wut. Nur wenn sich zwei Menschen völlig gleichgültig wären, könnten sie ohne Wut auskommen.

Wie so oft steckt in der Wut – je nach Ausprägung – eine tiefergehende Botschaft oder zumindest ein Wunsch. Die verborgene Bedeutung von Wut könnte lauten: Ich will das nicht! Es muss anders werden, darum widersetze ich mich. Wütend zu werden ist deshalb eine normale Reaktion bei der Suche nach einem neuen Gleichgewicht. Die Wut gehört also zur Verarbeitung von Verlusten dazu.

Insofern muss man sich keine Sorgen machen, wenn man auch mal wütend wird, denn die Veränderung des eigenen Lebens fördert überschießende Emotionen, vor allem dann, wenn man scheinbar selbst keinen Einfluss mehr darauf hat. Wut ist aber auch immer ein Indiz für Überforderung: Dann, wenn einem alles zu viel wird, wenn man nicht mehr weiß, wie man die notwendige Ruhe und Geduld aufbringen soll, fühlt man sich *ohnmächtig* der Situation ausgeliefert.

In der zweiten Phase der Demenz nehmen die spezifischen Verhaltensweisen der betroffenen Angehörigen unaufhörlich zu. Aus Unglauben, Verleugnung und Wut wird im Laufe der Zeit echte Verzweiflung.

Verzweiflung

Wut ist sehr oft auch Ohnmacht, was bedeutet, dass die Wut kein konkretes Ziel mehr kennt. Dieses Gefühl der Ohnmacht geht wiederum mit Verzweiflung einher. Die entsteht, wenn man keine (gemeinsame) Zukunft mehr hat oder sich nicht vorstellen kann, wie es weitergehen soll.

Das ständige Wiederholen von Fragen oder die beharrlich geäußerten falschen Anschuldigungen machen pflegende Angehörige oft wütend und zornig. Sie sind immer öfter verzweifelt, da häufig alle normalen Strategien der Konfliktbewältigung versagen. Da kann einem schnell mal der Geduldsfaden reißen, sodass die betreuende Person explodiert und den erkrankten Angehörigen anschreit oder beschimpft. Angst spielt dabei eine große Rolle. Das mag die Furcht davor sein, dass sich der betroffene Mensch verletzt oder einen Unfall hat, oder die Sorge darum, was aus ihm wird, wenn einem selbst etwas zustößt. Die Verzweiflung wird aus ganz unterschiedlichen Quellen gespeist.

Schuldgefühle

Wer kennt sie nicht, die völlig überflüssigen Schuldgefühle? Man kümmert sich ja an sich gern, hat die Verantwortung freiwillig übernommen, und doch fühlt man sich unzulänglich und ist ständig gereizt. Im Nachhinein reagieren die Pflegenden meist beschämt und mit Schuldgefühlen auf ihre Wutanfälle. Zur Wiedergutmachung verstärken sie ihre Bemühungen bei der Pflege oft noch mehr. Damit setzen sie jedoch ungewollt einen verhängnisvollen Kreislauf in Gang: Sie strengen sich noch mehr an, ihre Belastung steigt, und dann reißt der Geduldsfaden oft umso schneller. In der Folge werden die Bemühungen noch mehr verstärkt.

Pflegende Angehörige stehen unter einem gewaltigen (selbstgemachten) Druck. Sie haben zu hohe Ansprüche an sich selbst, weil sie gerne *perfekt* wären und immer alles *richtig* machen wollen. Aber das funktioniert nicht, denn jeder Mensch macht Fehler. Und je größer der Druck wird, desto häufiger passieren solche Fehler. Geben Sie sich also selbst die Erlaubnis, Fehler machen zu dürfen und Grenzen zu haben.

In der dritten Phase der Demenz kommt zur psychischen Herausforderung die körperliche Belastung der Pflegenden hinzu. Vor dem Hintergrund, dass die betroffenen Angehörigen im letzten Stadium immer weniger selbstständig tun können, werden betreuende Personen noch mehr auf allen Ebenen gefordert.

Abschied und Trauer

Die Demenz, die sich heimlich, still und leise ins Leben geschlichen hat, ist auf dem besten Weg, alles zu verschlingen, was einem einmal lieb und teuer war. Für pflegende Angehörige zeichnet sich ein Wendepunkt oft in dem Moment ab, wenn der betroffene Angehörige das nächste Umfeld nicht mehr erkennt. Spätestens zu diesem Zeitpunkt muss man akzeptieren, dass eine Umkehr des Verfalls nicht mehr möglich ist.

Das Leben mit einem an Demenz erkrankten Familienangehörigen bedeutet ein langes und schmerzvolles Abschiednehmen. Ein bislang vertrauter Mensch verschwindet. Seine Wesenszüge und Fähigkeiten verblassen, damit sind auch gemeinsame Zukunftspläne obsolet. Nichtsdestotrotz sollten Sie versuchen, gemeinsam ein möglichst positives Verhältnis zu der neuen Situation aufzubauen, sich am Vorhandenen zu erfreuen und die Trauer nicht überhandnehmen zu lassen.

Aggressivität und Reizbarkeit

Für Angehörige ist es wichtig zu erkennen, dass Aggressivität und Reizbarkeit keine Zeichen mangelnder Zuneigung sind. Nehmen die Wutgefühle überhand, dann sind das vielmehr Anzeichen für eine ernst zu nehmende Überforderung. Solche Überforderungen sind häufig – dass daraus Misshandlungen an Pflegebedürftigen werden können, ist möglich. Das ist zwar mit nichts zu entschuldigen, aber auch bis zu einem gewissen Punkt nachvollziehbar, weil solches Verhalten oft aus *Ohnmacht* heraus passiert.

Auf alle Fälle ist es ein Alarmsignal, wenn man seine überschießenden Emotionen nicht mehr in den Griff bekommen kann. Dann hilft es wirklich nur noch, sich selbst aus der Situation herauszunehmen und Entlastungsmöglichkeiten zu finden. Nur dadurch kann der verhängnisvolle Kreislauf der Überforderung durchbrochen werden.

Was pflegende Angehörige brauchen

Was Angehörige dringend brauchen, wenn sie ein von Demenz betroffenes Familienmitglied betreuen und versorgen, ist Entlastung. Das hört sich einfach an, ist aber nur ganz schwer herzustellen. Schwierig ist es deshalb, weil jeder betroffene Pflegende etwas anderes als entlastend empfindet.

Beispielsweise kann das ein bisschen Zeit am Tag sein, die man nur für sich alleine hat, oder eine Situation, in der man mit dem an Demenz erkrankten Menschen etwas Unbeschwertes erlebt. Auch wünschen sich viele Betreuer etwas weniger Launenhaftigkeit, weniger Aggressionen oder weniger Traurigkeit. Belastend ist es, den unkontrollierten Emotionen immer etwas entgegensetzen zu müssen, die Situationen zu ertragen oder auffangen zu müssen. Oder: Immer gute Laune vorgaukeln müssen, wenn einem selbst zum Weinen zumute ist … all das möchte man am liebsten nicht mehr erleben; und das sind nur die großen Wünsche.

Entlastung bedeutet auch, ein kleines Stück Lebensqualität zurückzugewinnen; und das beginnt oft schon damit, eine Nacht unbesorgt durchschlafen zu können.

Jeder Pflegende hat eine ganz bestimmte Vorstellung davon, was ihn besonders stört oder in der Pflege belastet. Oft sind es Kleinigkeiten, die geradezu banal scheinen, doch in der Summe das Maß des Erträglichen überschreiten.

Pflegende Angehörige brauchen alles – außer Gegenwind

Wer sich um einen Menschen kümmert, der an Demenz erkrankt ist, kämpft zu allem Überfluss an verschiedenen Fronten. Eine davon sind die ewigen *Besserwisser*, die noch nie 24 Stunden rund um die Uhr mit dem betroffenen Angehörigen zusammengelebt haben und all die kleinen Demütigungen und Niederlagen nicht nachvollziehen können. Man findet sie direkt vor der Haustür und vor allem innerhalb der eigenen Familie.

Insbesondere die Ignoranz der eigenen Verwandten verletzt die Pflegenden. Die Familienmitglieder ziehen sich in der Konsequenz immer mehr zurück, aber wenn sie denn mal vorbeischauen, dann halten sie mit Vorwürfen und unqualifizierten Ratschlägen nicht hinterm Berg. So wird das Gefühl, isoliert zu sein, beim Pflegenden oft bedrohlich groß.

- Da die Initiative von außen kaum von selbst kommt, ist es wiederum am Pflegenden, sich offensiv darum zu kümmern.
- Informieren Sie Familienangehörige und Verwandte frühzeitig über die Besonderheiten der Demenzerkrankung.
- Schildern Sie ihnen die Situation, und binden Sie sie (selbst wenn es nur um Kleinigkeiten geht) in die Pflege mit ein.
- Da außenstehende Angehörige die Situation meist falsch einschätzen, ist es wichtig, dass Sie auf sie zugehen, das Gespräch suchen oder zur Mithilfe auffordern.

Was außenstehende Angehörige oft irritiert, ist der außerordentliche Rollentausch, der sich nicht gemächlich ankündigt, sondern ganz ad hoc vollzogen werden muss. Die Pflege bei Demenz ist mit keiner anderen Pflegesituation vergleichbar. Unter anderem ist es so schwierig, weil das klassische Rollenverständnis und die Rollenaufteilung außer Kraft gesetzt werden:

Die Ehefrau (ohne Führerschein) verbietet ihrem Ehemann, der an Demenz erkrankt ist, das Autofahren. Die Tochter fordert ihren Vater auf, sich zu rasieren und endlich mal wieder zu duschen. Der Ehemann steht plötzlich vor der Situation, den Haushalt zu führen, weil seine an Demenz erkrankte Ehefrau dazu nicht mehr in der Lage ist. Verständlicherweise ist er damit überfordert, weil er sich vielleicht ein Leben lang nicht darum kümmern musste. Diese drei Beispiele zeigen, wie sich fast immer die zunehmende Hilfsbedürftigkeit von Menschen mit Demenz auf die gewohnten Rollenstrukturen auswirkt und sich die Beziehungen innerhalb der Familie verändern.

Wenn Aufgaben und Verantwortlichkeiten neu verteilt werden, ziehen sich nicht direkt betroffene Angehörige gern zurück. Und so stehen Pflegende wieder einmal alleine da und müssen bewältigen, was ein Leben lang nicht *ihre Sache* war. All das geschieht nicht freiwillig, sondern aus dem Zwang heraus, den Alltag reibungslos zu bewältigen.

Die pflegenden Angehörigen sind dazu gezwungen, aus der Rolle des Kindes oder des Ehepartners in die Rolle desjenigen zu schlüpfen, der für seine Eltern oder seinen Partner die Verantwortung trägt und den Alltag bewältigt. Der Rollenwechsel kann für beide Seiten erhebliche Probleme verursachen und ungewohnte Herausforderungen mit sich bringen.

So entwickelt etwa die Ehefrau Gewissensbisse, wenn sie ihrem erkrankten Mann sagen muss, was er zu tun hat oder nicht. Vielleicht ist es aber auch eine große Herausforderung, erstmals die finanziellen Angelegenheiten der Familie allein zu regeln.

Ehemänner müssen hingegen in manchen Fällen erst lernen, einen Haushalt zu führen, denn das bedeutet weitaus mehr als nur *ein bisschen* zu kochen, zu waschen und zu bügeln. Was ihre Ehefrauen im Laufe eines Lebens geleistet haben, merken viele Männer erst dann, wenn sie das gleiche Pensum bewältigen müssen.

Emotional besonders belastend ist der Rollenwechsel zwischen Eltern und Kindern. Die Eltern werden zunehmend wie Kinder, bleiben aber trotzdem die Eltern. Dieser Widerspruch macht es sehr schwierig, die Verantwortung für die Eltern zu übernehmen. Für Kinder von Eltern, die an Demenz erkrankt sind, wird der Rollentausch vielleicht einfacher, wenn sie sich vor Augen führen, dass die Übernahme von Verantwortung für Vater oder Mutter respektvolles Verhalten nicht ausschließt. Das ist insofern von Bedeutung, weil es nun mit der Krankheit keine *Abrechnungen* mehr geben kann und darf. Mit der Demenz legt sich der Mantel des Vergessens über eine (unter Umständen) weniger glückliche Kindheit.

Ob man eine vorbehaltlose Pflege leisten kann, ist wohl zu überlegen. Denn Menschen, die an Demenz erkrankt sind, sind sehr auf ihre Würde bedacht. Kann man (aus welchen Gründen auch immer) den nötigen Respekt nicht aufbringen, dann ist es besser, sich frühzeitig um eine externe Betreuung zu kümmern. Denn haben Menschen mit Demenz das Gefühl, zu sehr wie Kinder behandelt zu werden, reagieren sie vermehrt mit Wut oder Rückzug. Lesen Sie mehr dazu im folgenden Kapitel 6.

Was den Unterschied macht – Mitleid oder Mitgefühl

Pflegende Angehörige brauchen kein Mitleid, aber sie brauchen durchaus Mitgefühl. Über den Unterschied machen sich nur die wenigsten Gedanken, es sei denn, es betrifft sie direkt. Das Wort *Mitleid* hat immer etwas *von oben herab*. Es ist also ein Gefühl, dass zwar suggeriert, dass mitgelitten wird, aber ohne die Absicht, selbst etwas zu tun, um den Zustand zu verändern.

Aber genau das brauchen Pflegende nicht. Vielmehr brauchen sie Anerkennung und Ermutigung, tatkräftige Unterstützung und auch ganz praktische Hilfe.

Mitgefühl hingegen ist die Basis für gelungene Pflege, denn es suggeriert, dass man *mit fühlt* und somit versucht, eine gemeinsame Basis herzustellen. Es ist der Versuch, die Gefühle des betroffenen Angehörigen zu verstehen und nachzuvollziehen. Ohne diese Fähigkeit, sich in den Erkrankten hineinzuversetzen und mit ihm Gefühle zu teilen, kann keine Nähe entstehen. Und wo keine Nähe ist, da entsteht keine Wärme und somit keine *würdigende* Begleitung. Im Fachjargon nennt man das auch *Empathie.*

Empathie hat ihre Basis im Verstehen. Aus diesem Grund wurde in den letzten Kapiteln immer wieder der Versuch unternommen, die Seite des an Demenz erkrankten Menschen darzustellen oder sich zumindest anzunähern. Das Ziel ist es, mehr Verständnis für das teils anstrengende Verhalten von Menschen mit Demenz zu erwecken und entsprechend *angemessen* mit ihnen umzugehen.

Ganz praktisch: Was die Pflegebeziehung entlasten kann

Von der Theorie zur Praxis: Theoretisch wissen Sie wahrscheinlich genau, was Sie tun müssten, um die Pflegesituation zu entlasten, doch praktisch fallen Sie immer wieder in alte Muster zurück, die – und auch das wissen Sie – fast zwangsläufig zu Konflikten führen. Diesen Kreislauf aus immer neuen Vorsätzen und misslungenen Versuchen, etwas an der Situation zu verändern, gilt es zu durchbrechen. Das alles mit sich alleine auszumachen, geht nicht, das frisst einen auf. Deshalb braucht es Gespräche beispielsweise in Demenzsprechstunden oder Selbsthilfegruppen mit anderen Menschen, die in einer ähnlichen Situation sind. Schon die Tatsache an sich, dass Sie sich dafür Zeit nehmen, ist ein erster Schritt zu mehr Achtsamkeit gegenüber sich selbst.

Die Pflege eines Menschen mit Demenz hat auch immer etwas mit Krisenmanagement zu tun. Es braucht die Emotionen, aber eben auch einen kühlen Kopf. Es bedarf der Fähigkeit, ein Problem von allen Seiten zu beleuchten, um schließlich eine Methode zu entwickeln, ähnlichen Schwierigkeiten mit ähnlichen Lösungen zu begegnen. Es gibt durchaus Methoden und Techniken, die Betreuende in Pflegeinstitutionen erlernen können, aber es ist nie das Gleiche wie das, was in der häuslichen Pflege eines nahestehenden Menschen gefordert ist. Die Nähe, die sich professionelle Pflegekräfte aneignen müssen (wie beispielsweise die *Validation nach Feil* oder der *personenzentrierte Ansatz nach Kitwood*), um eine empathische Pflege zu ermöglichen, ist bei pflegenden Angehörigen durch die gemeinsame Lebensgeschichte vorgegeben. Das ist ein Vorteil, kann aber eben auch im Weg stehen. Deshalb ist es wichtig, immer wieder zu überdenken, was guttut oder was eben auch aus Gewohnheit schlecht läuft.

Akzeptieren Sie die Krankheit

Wenn Sie akzeptieren, dass der Angehörige nie mehr der sein wird, der er einmal gewesen ist, kann man damit besser umgehen. Auch wenn es im Moment nicht so scheint.

- Lernen Sie den Angehörigen mit seiner Krankheit neu kennen.
- Vorlieben und Gewohnheiten können sich um 180 Grad wenden.
- Die Herausforderung: Begegnen Sie dem Angehörigen mit Neugier.

Trainieren Sie Ihr Einfühlungsvermögen

Sich in einen anderen Menschen einzufühlen braucht Ruhe und Gelassenheit. Beides sind Dinge, die gar nicht so leicht herzustellen sind, wie es auf den ersten Blick scheint. Es gibt dieses indianische Sprichwort, das besagt: Man muss erst einmal in den Schuhen eines anderen gegangen sein, um sein wahres Ich zu verstehen. Und genauso ist es: Die Basis für das Einfühlen ist Achtsamkeit: sich selbst gegenüber, aber auch gegenüber dem betroffenen Angehörigen. Schauen Sie genau hin, hören Sie genau zu – nur durch diese Beobachtungen können Sie eine Idee davon bekommen, welche Botschaft sich hinter der immer schlechteren Kommunikation verbirgt.

Ein Beispiel: Das Umherwandern.

- Viele Menschen mit Demenz gehen ziellos umher, sie können nicht stillsitzen und sind von motorischer Unruhe getrieben. Um dieses Verhalten zu verstehen: Laufen Sie mit. Begleiten Sie Ihren Angehörigen ein Stück weit auf seiner Wanderschaft.
- »In seinen Schuhen zu gehen …« wie es das indianische Sprichwort verlangt, bedeutet, sein Tun ganz praktisch zu spiegeln. Erst wenn man in eine Emotion hineingeht, den betroffenen Angehörigen achtsam begleitet, kann man ihn (aus einer ehrlichen Überzeugung heraus) auch verstehen.
- Erst wenn es gelingt, Verständnis aufzubauen, kann eine Veränderung herbeigeführt werden.
- Eine Veränderung der Situation kann man nur herbeiführen, wenn man weiß, wo jemand *steht*.

Im stressigen Alltag bereitet manchen pflegenden Angehörigen allein dieses *Innehalten* schon Probleme. Die Ungeduld, die der Alltag zwangsläufig mit sich bringt, führt fast immer zur Rechtfertigung des eigenen Verhaltens. Natürlich hat man auch nicht immer eine Lösung parat. Doch wenn man vorschnell agiert, erreicht man oft nur das Gegenteil: Man verschärft ein krisenhaftes Verhalten. Nimmt man jedoch die Ungeduld raus, dann ergeben sich sinnvolle Lösungen oft von ganz allein.

Sich selbst ernst nehmen

Wer ist der wichtigste Mensch in Ihrem Leben? Erstaunlich viele Pflegende müssen über diese Frage ernsthaft nachdenken. Dabei ist es ganz einfach: Der wichtigste Mensch in Ihrem Leben sind Sie selbst. Kümmert man sich besonders hingebungsvoll um einen nahen Angehörigen, dann kann es leicht passieren, dass man sich dabei selbst vergisst. Zumindest neigt man dazu, die eigenen Bedürfnisse hintanzustellen..

Jedem logisch denkenden Mensch ist klar, dass das nicht allzu lange gut gehen kann. Auch das eigene Ego braucht Pflege, und der Körper braucht Zeit zur Regeneration. Wie ernst es wirklich ist, wird den meisten Pflegenden erst bewusst, wenn sie nicht mehr können und ihre eigene Gesundheit ihnen das Stopp-Schild zeigt. Überforderung ist nicht nur ein Schlagwort, sondern traurige Realität in vielen Demenz-Pflege-Beziehungen.

Wege aus der Pflegekrise – Haltung statt Technik

Was Krisen mit den Menschen machen, ist individuell und unterschiedlich. Die Diagnose Demenz und in der Folge das Zusammenleben mit einem betroffenen Angehörigen produzieren eine Reihe unterschiedlicher Szenarien, die stets aufs Neue die Pflegenden herausfordern und sie zum Handeln *zwingen*. Wie man mit krisenhaften Situationen umgeht, wird von verschiedenen Faktoren beeinflusst. Einer davon ist (geradezu banal) die jeweilige *Tagesform*. Denken Sie positiv, erscheint das Leben leicht, und der Tatendrang ist immens. Fühlen Sie sich schlecht, fällt alles doppelt schwer, und selbst *die Fliege an der Wand* wird zum Vorboten neuen Ungemachs.

Das Wort *Krise* bedeutet in seiner direkten Übertragung aus dem Griechischen auch *Entscheidung*. Das klingt zunächst irgendwie harmlos, aber oft genug werden solche Krisensituationen in der Pflege als problematisch empfunden. Das ist so, weil Pflegende häufig damit rechnen, dass sich eine befürchtete Verschlechterung ankündigt, die weg vom Gewohnten in eine völlig neue Herausforderung mündet.

Krisenbewältigung beginnt mit der richtigen Einstellung

Manche Pflegende scheinen über einen unsichtbaren Schutzschild zu verfügen: Schicksalsschläge werfen sie nicht um, Stress perlt an ihnen ab. Auf die täglichen Herausforderungen, die das Zusammenleben mit Menschen mit Demenz mit sich bringt, reagieren sie gleichmütig und gelassen. Da, wo andere mit Überforderung, Depressionen, Angsterkrankungen oder gar mit posttraumatischen Belastungsstörungen reagieren, bleiben sie gesund. Ihre Seele scheint immun gegen die Belastung.

Diese Menschen sind *resilient*. Als resilient werden in der Psychologie Menschen bezeichnet, die seelisch in der Lage sind, Lebenskrisen ohne anhaltende Beeinträchtigung durchzustehen und schon in kurzer Zeit wieder zur Hochform aufzulaufen. Damit wir uns nicht falsch verstehen: Resilient sind nicht die, die sich nicht berühren lassen, sondern die, denen es gelingt, in allem Übel auch noch etwas Gutes zu finden. Solche Menschen machen sich keine Illusionen, aber bei Ungewissheit neigen sie dazu, eher einen positiven Verlauf der Dinge anzunehmen, und glauben, dass sie selbst etwas bewirken können. Resilienz hat also etwas damit zu tun, wie man Situationen einschätzt und bewertet. Je positiver der Standpunkt, desto leichter fällt der Umgang mit Problemen – auch und insbesondere mit solchen, die im Zusammenleben mit Menschen, die an Demenz erkrankt sind, an der Tagesordnung sind.

Resilienz lernen: Krisen besser meistern

Bei Resilienz geht es also darum, Krisen, Rückschläge, Verluste oder Trennungen zu meistern, ohne sich davon unterkriegen (oder verbiegen) zu lassen. Statt hilflos das eigene Leben zu betrachten, beschreibt Resilienz die Kraft, weiterzumachen und sich den Herausforderungen stets aufs Neue zu stellen.

Weil Resilienz häufig mit dem berühmten Stehaufmännchen-Phänomen verglichen wird, entsteht manchmal der Trugschluss der Unverletzlichkeit: einmal kurz auf die Nase fallen, dann flugs wieder aufstehen, die Krone richten und weiter geht's … So einfach ist das aber nicht – und das weiß niemand besser als Angehörige, die ein betroffenes Familienmitglied pflegen.

Resilienz ist kein Glücksfall und liegt auch nicht in den Genen. Da es sich um einen Bewertungsstil handelt, kann man jedoch *umlernen* und schädliche Assoziationen *verlernen* – aber nicht mal eben schnell. Dennoch: Unsere Persönlichkeit ist wandelbar und verändert sich im Laufe eines Lebens.

Vor allem wichtige Ereignisse, wie Berufseintritt, Heirat, die Geburt eines Kindes, Schicksalsschläge (schwere Krankheit, Verluste oder Gewalterfahrung) und der Renteneintritt nehmen Einfluss auf die Persönlichkeit. So werden junge Menschen mit Beginn des Berufslebens verantwortungsbewusster – mit Renteneintritt lässt diese Gewissenhaftigkeit jedoch nach. Aber auch die Persönlichkeit hat Einfluss darauf, wie man einschneidende Veränderungen wahrnimmt und mit ihnen umgeht.

Resilienz stärken: So geht das!

- Akzeptieren Sie Veränderungen als etwas, das zum Leben gehört.
- Betrachten Sie Krisen nicht als unüberwindbares Problem.
- Glaube Sie an Ihre (realistischen) Ziele und Fähigkeiten.
- Treffen Sie aktiv Entscheidungen und verlassen Sie die Opferrolle.
- Sehen Sie die Dinge aus einer langfristigen Perspektive.
- Bauen Sie soziale Beziehungen auf.
- Achten Sie auf sich selbst.
- Denken Sie positiv über sich selbst.

Warnzeichen für Überforderung

Nur wer sich gut um sich selbst kümmert, kann sich gut um andere kümmern. Dies sollten Sie sich und anderen selbstbewusst vor Augen führen.

Nehmen Sie deshalb folgende Warnzeichen ernst, die für Überlastung sprechen:

- Sie fühlen sich gehetzt und fürchten, nicht alles zu schaffen.
- Ihre Gedanken kreisen ständig darum, was Sie als Nächstes für Ihren betroffenen Angehörigen tun müssen.
- Sie fallen todmüde ins Bett und schlafen trotzdem schlecht.
- Sie sind anfällig für Erkältungen und andere Krankheiten geworden.
- Sie nehmen stark ab, weil Sie unregelmäßig essen.
- Oder: Sie nehmen stark zu, weil Sie Süßes naschen, um sich von Sorgen abzulenken.
- Sie reagieren gereizt auf das betroffene Familienmitglied. Sie werden ihm gegenüber laut. Sie fassen hart zu und beginnen, den Betroffenen zu schütteln.
- Sie sehen Ihre Freunde kaum.
- Sie hatten seit Wochen keine Zeit mehr für Ihr liebstes Hobby.

Überforderung vermeiden

Was kommt da auf mich zu? Schaffe ich das? Wo die persönlichen Grenzen sind und was passiert, wenn man sich zu viel zumutet, lässt sich nur individuell entscheiden.

Vorweg nur ein Rat: Nehmen Sie Unterstützungsangebote an! Die Fürsorge für einen betroffenen Angehörigen kann ein Mensch allein auf Dauer kaum leisten – und wenn, dann bezahlt man oft mit der eigenen Gesundheit. Mittlerweile gibt es viele verschiedene Angebote, die zumindest ein wenig für Erleichterung sorgen können.

Beispielsweise:

Gesprächskreise für Angehörige von Menschen mit Demenz sind für viele pflegende Angehörige eine Entlastung. Dort findet ein Austausch mit anderen statt, die sich in einer ähnlichen Situation befinden. Solche Angebote sind zumeist kostenfrei und werden von Alzheimergesellschaften, Kirchengemeinden oder Wohlfahrtsverbänden organisiert.

Ein Anspruch auf Beratungsbesuche zu Hause gehört zu den Leistungen der Pflegeversicherung. Diese können von Pflegediensten oder anerkannten Beratungsstellen durchgeführt werden. Wer Pflegegeld bezieht, ist verpflichtet, solche Beratungstermine wahrzunehmen.

Die Teilnahme an sogenannten Pflegekursen ist ebenfalls eine Möglichkeit, die eigenen Grenzen auszuloten und Kompetenzen in der Pflege zu erwerben. Schwerpunkt ist immer die Entlastung der pflegenden Angehörigen und die Planung, wie sich Entlastungsmöglichkeiten im individuellen Fall umsetzen lassen.

Hilfe annehmen

Pflegende Angehörige neigen häufig dazu, sich aus Pflichtgefühl völlig aufzuopfern. Sie fürchten beispielsweise, dass die Nachbarn tratschen, wenn sie einen Ausflug ohne ihren an Demenz erkrankten Angehörigen machen. Oder sie möchten nicht beim Joggen im Park *erwischt* werden, während sich ein ambulanter Pflegedienst oder ein ehrenamtlicher Helfer um den betroffenen Angehörigen kümmert. Dieses schlechte Gewissen ist aber völlig fehl am Platz. Im Gegenteil, nur wer ab und an auch an sich selbst denkt, kann Überforderung vorbeugen und vermeiden.

Lassen Sie es nicht so weit kommen, dass die Sorge um einen pflegebedürftigen Menschen Sie *auffrisst.*

Ein erster Schritt ist, sich selbst zu verzeihen. Unzulänglichkeit und Fehler sind menschlich und kein Grund, *in Sack und Asche* zu gehen. Informieren Sie sich über die Krankheit und die Folgen, denn Wissen ist Macht, das macht es leichter, merkwürdige Verhaltensweisen nicht automatisch auf sich zu beziehen.

Der zweite Schritt ist oft besonders schmerzhaft, denn Sie müssen sich von dem Gedanken verabschieden, dass andere Menschen Sie verstehen. Hüten Sie sich trotzdem davor, in Isolation zu geraten. Es ist ein schmaler Grat, auf dem Sie sich bewegen: Denn selbst wenn Sie sich einerseits von Besserwissern befreien, so brauchen Sie doch aktive Unterstützung. Machen Sie sich keine Sorgen, sondern machen Sie sich entbehrlich.

Nehmen Sie sich jeden Tag etwas Zeit, um etwas Schönes für sich selbst zu tun. Leben Sie deshalb so weit wie möglich im Hier und Jetzt. Achten Sie auf Signale von Stress und Überforderung – beispielsweise dadurch, dass Sie sich auf jene Probleme konzentrieren, an denen Sie etwas ändern können.

Versuchen Sie, Ihre Aufmerksamkeit auf die schönen Seiten der Pflege zu richten. Ja, Sie haben richtig gelesen, es gibt auch schöne Momente. Bedenken Sie, dass Betreuung auch zu Ihrem Glück beitragen kann. Aber bei all der Innigkeit: Versprechen Sie nie, bis zum Tod für Ihren Angehörigen zu sorgen. Lesen Sie dazu mehr im folgenden sechsten Kapitel.

Gewalt vermeiden

Die Pflege und Betreuung von Menschen mit Demenz kann – je weiter die Krankheit voranschreitet – zur Überforderung und in manchen Fällen auch zur Anwendung von physischer oder psychischer Gewalt führen. Denn die Pflegenden, oft die ebenfalls hochaltrigen Lebenspartner oder die Lebenspartnerinnen, fühlen sich mit den für sie belastenden Situationen allein gelassen.

Um solchen Situationen vorzubeugen, aber auch, Hilfe und Unterstützung zu geben, wenn es bereits zu Gewalthandlungen gekommen ist, können einem entsprechende Beratungs- und Anlaufstellen zur Seite stehen.

Planen für später

Es ist gut und schön, füreinander da zu sein. Doch niemand verlangt von Pflegenden, dass sie sich selbst dafür aufgeben. Um selbst gesund zu bleiben, sollten Sie von Verwandten, Freunden, Nachbarn und professionellen Pflegekräften Hilfe einfordern. Das schafft Freiräume, schützt vor Überlastung und verhindert, dass die Demenz eines Familienmitglieds das eigene Leben vollständig bestimmt.

Wichtig ist auch, dass Sie frühzeitig besprechen, bis zu welchem Stadium der Krankheit Sie pflegen können und pflegen wollen. Die Entscheidung, wo ein Mensch mit Alzheimer oder einer anderen Form der Demenz wohnen soll, fällt optimalerweise möglichst früh und sollte gemeinsam mit den Betroffenen und der gesamten Familie überlegt werden. Im Zentrum der Überlegungen sollten nur der betroffene Angehörige, Sie und die Familie stehen. Die Meinung von Nachbarn und Bekannten, die nur reden, aber nicht helfen, kann Ihnen egal sein.

KAPITEL 6

Abschied ist manchmal für immer

Selbst wenn Demenz zum Alltag wird, so wird der Alltag mit Demenz doch nie zur Routine. Jeder Tag ist eine neue Herausforderung, der mit fortschreitender Pflegebedürftigkeit nicht selten in Überforderung mündet. Man darf sich da nichts vormachen: Auch pflegen will gelernt sein, und dabei helfen Liebe, Verantwortungsbewusstsein und eine Engelsgeduld eben nur bedingt. Manchmal hilft Distanz, denn damit geht nicht automatisch die Nähe verloren. Man kann auch aus Distanz heraus einem Menschen nah sein, und manchmal ist das für beide Seiten die bessere Lösung.

Solchen Überlegungen zu folgen braucht Zeit. Doch der Gedanke, einmal gedacht, beginnt, sich zu verselbstständigen und öffnet den Blick für die Begrenztheit der eigenen Kraft.

Wie oben erwähnt, ist es wichtig, frühzeitig zu besprechen, bis zu welchem Stadium der Krankheit Sie pflegen können und pflegen wollen, und dann auch mit dem Betroffenen und der Familie zu entscheiden, wo ein Mensch mit Alzheimer oder einer anderen Form der Demenz wohnen soll. In der Realität ist das jedoch eher selten; es die Ausnahme und nicht die Regel, mit betroffenen Angehörigen Klartext zu sprechen. An der Tagesordnung sind hingegen Vertuschungsmanöver, Ausreden und vorgeschobene Notwendigkeiten. Alles außer der Wahrheit kommt auf den Tisch, dabei ist es gerade jetzt an der Zeit, klare Verhältnisse zu schaffen.

Beziehung neu definieren

Jede Beziehung, die Jahrzehnte lang hält, hat über die Zeit feste Strukturen entwickelt. Im täglichen Zusammenleben hat jeder seinen Bereich, jeder seine Kompetenzen; die Schwächen des einen wurden durch die Stärken des anderen ausgeglichen. Durch eine Demenzdiagnose geraten diese festen Machtstrukturen ins Wanken. Dass sich die Verhältnisse verändern, ist unabdingbar, nur wie das geschieht, ist individuell verschieden. Ist es der Ehemann, der an Demenz erkrankt, so trägt die Ehefrau zumeist die doppelte Last. In der Sorge um sein Wohlergehen schießt sie oft übers Ziel hinaus, wird zur Glucke und damit manchmal zur Last. Gerade in der ersten Phase der Demenz geht es darum, dem Erkrankten nicht allzu viel abzunehmen, um die Fähigkeiten so lange wie möglich zu erhalten.

Umgekehrt sind Ehemänner, die sich mit der drohenden Demenz ihrer Ehefrauen auseinandersetzen müssen, häufig von der Fülle der Aufgaben eines Haushalts überfordert. So oder so brauchen beide Seiten oft Hilfe und Unterstützung, um sich nicht gegenseitig aufzureiben.

Von der Paarbeziehung zur Pflegebeziehung

Erkrankt einer der beiden Ehepartner an Demenz, so erschüttert das die Beziehung zueinander nachhaltig. Ganz definitiv ist es eine Krise, aber es muss nicht automatisch auch das Ende bedeuten. Im Chinesischen gibt es für das Wort *Krise* zwei unterschiedliche Schriftzeichen. Das eine bedeutet *Chance*. In der Tat sehen viele Ehepartner die Erkrankung zwar als Herausforderung, nicht aber als Trennungsgrund. Und manche erleben sogar, dass sich eine ganz neue Beziehung zwischen ihnen entwickelt. Auf diese andere Art der Beziehung muss man sich allerdings einlassen können. Schlussendlich gilt es, die kleinen Dinge schätzen zu lernen – und Abschied zu nehmen von der Beziehung, so wie sie einmal war.

Die Chance besteht darin, den Partner völlig neu kennenzulernen und seine Veränderung anzunehmen. Von der Paarbeziehung, die sie einmal war, hin zu einer partnerschaftlichen Pflegebeziehung. Wer seinen kranken Partner mit Liebe begleitet, erlebt oft die Momente der Klarheit viel erfüllender als gedacht.

Doch vor dem Neubeginn steht das Abschiednehmen: Wenn nichts Vertrautes mehr bleibt, man sich mit den Problemen alleingelassen fühlt, kann schon auch

Frustration aufkommen. Das liegt daran, dass die wichtigen Säulen der Partnerschaft wegbrechen oder zumindest durch die Demenz untergraben werden. Es stellt sich heraus, dass *in guten wie in schlechten Zeiten* eben mehr erfordert als tief empfundene Liebe – nämlich auch die Fähigkeit loszulassen.

Was pflegenden Partnern zu schaffen macht, ist beispielsweise …

Die Loyalität

Zu einem Loyalitätskonflikt kommt es immer dann, wenn man gegen den Partner und für dessen Wohlergehen entscheiden muss. Die Sache mit dem *Autofahren wollen* bietet sich da als Beispiel an. Es kommt eine Phase, in der das einfach nicht mehr geht. Davon einmal abgesehen, dass auch keine Versicherung mehr für irgendwelche Schäden haften würde, ist der Drang nach *Freiheit* bei den Erkrankten oft stärker als jede Vernunft. Und dabei lässt die Einsicht in die eigenen Schwächen ja ohnehin immer mehr nach.

Die Intimität

Die körperliche Vertrautheit wird bald durch ein immer größeres Schamgefühl des betroffenen Angehörigen aufgelöst. Im sexuellen Bereich kommt es entweder zum Nachlassen oder seltener zur Steigerung des sexuellen Interesses des Erkrankten. Auch Gesten der Zuneigung und Zärtlichkeit nehmen mit der Zeit ab. Der erkrankte Partner ist immer weniger in der Lage, das sexuelle Empfinden und auch das Bedürfnis nach Zärtlichkeit und Nähe zu erkennen bzw. zu erwidern.

Die Kompetenzverschiebung

Sorgen und Probleme hat man früher gemeinsam geschultert, jetzt steht einer allein für beide ein. Damit kann ein pflegender Angehöriger schon einmal überfordert sein, vor allen Dingen dann, wenn eine Beziehung auf Augenhöhe nicht mehr möglich ist. Die Verantwortung allein zu tragen und zu übernehmen ist schwer, vor allem, wenn die rechtlichen Formalitäten zu Beginn der Erkrankung nicht eindeutig geklärt wurden. Auch emotional ist es schwierig, beispielsweise dann, wenn der betroffene Partner einen nicht mehr erkennt. Dann droht manchmal auch das letzte Band zu zerreißen.

Wichtig ist, dass man sich ausführlich über die Krankheit, die der Demenz zugrunde liegt, informiert. So kann man besser unterscheiden, welches Verhalten auf die Demenz zurückzuführen ist und wo sich vielleicht altbekannte Charakterzüge wieder zeigen.

Eine neue Beziehung etablieren

Typisch für pflegende Ehepartner ist es oft, dass sie stolz darauf sind, die Bedürfnisse des betroffenen Partners gut zu kennen und ihnen gerecht zu werden. Der Schutz der Persönlichkeit und der Würde des Partners liegt ihnen besonders am Herzen. Doch wie man den täglichen Anforderungen der Pflege und der Beziehung sowie den eigenen Bedürfnissen gerecht werden soll, ist manchmal viel verlangt.

Manchen pflegenden Partnern gelingt es problemlos, die Pflege in ihre Ehebeziehung zu integrieren. Bei anderen steht die Trauer um den Verlust der Partnerbeziehung im Vordergrund und blockiert bzw. erschwert die Pflege. Wieder andere stellen die Pflege- über die Paarbeziehung und klagen deshalb viel über die wachsenden Belastungen.

Im Idealfall gelingt es jedoch, sich auf die schönen gemeinsamen Momente zu fokussieren und diese als Geschenk anzusehen.

Umgekehrte Verhältnisse

Ganz gleich wie alt wir sind, wir bleiben doch immer Kinder unserer Eltern. Dennoch müssen wir irgendwann erwachsen werden – spätestens dann, wenn die Eltern Unterstützung brauchen, um den Alltag zu meistern. Es ist spätestens dann Zeit, erwachsen zu werden und Verantwortung zu übernehmen.

Diese Veränderung ist unumgänglich und auch unabhängig davon, ob ein Elternteil beispielsweise an Demenz erkrankt ist oder anderweitige Unterstützung und Pflege braucht. Gut ist es natürlich, wenn man sich rechtzeitig der anstehenden Verantwortung stellt und nicht erst dann versucht, *offene Rechnungen* zu begleichen. Das Wortspiel mit den *Rechnungen* passt insofern ganz gut, weil sich die Machtverhältnisse bei einer Demenz ohnehin komplett verschieben und Elternteile, die betroffen sind, jetzt anderes im Sinn haben, als klärende Gespräche zu führen und nachträgliche Wiedergutmachung für eine fehlgeleitete Kindheit zu leisten. *Verzeihen* ist das Stichwort, was verantwortungsvolle Fürsorge überhaupt erst möglich macht.

Nun sind Beziehungen zwischen alten Eltern und erwachsenen Kinder oft hinlänglich kompliziert und nicht immer harmonisch. Deshalb gilt es, gut zu überlegen, ob und wie lange man die Pflege eines an Demenz erkrankten Elternteils leisten kann und will.

Angst vor der Verantwortung

Es ist vollkommen normal, dass man Angst hat, wenn schwerwiegende Entscheidungen anstehen und sich dadurch auch das eigene Leben verändern wird. Die Angst vor der Verantwortung wird im Wesentlichen von zwei Gefühlen genährt – nämlich von Mitleid und Selbstmitleid.

In Bezug auf einen an Demenz erkrankten Elternteil ist es normal, Mitleid zu empfinden. Das bedeutet nämlich, stellvertretend für die Eltern zu betrauern, dass sie zunehmend schwach und hilflos werden. Wir fragen uns, wie sie mit den anstehenden Veränderungen, der nachlassenden Eigenverantwortung und den schwindenden Fähigkeiten wohl umgehen werden. Wir bemitleiden sie ob der Tatsache, dass eine Demenz keine Aussicht auf Besserung bietet und somit der Verfall vorprogrammiert ist.

Das Selbstmitleid ist fast noch dominanter als das Mitleid gegenüber dem betroffenen Elternteil. Wir wünschen uns einfach, dass alles so bleibt wie es ist, und vor allem, dass unsere Eltern so bleiben, wie wir sie in Erinnerung haben. Aber so wie es war wird es nie wieder sein. Aus Selbstmitleid spricht auch eine gehörige Portion Egoismus. Wir denken: »Ich will nicht, dass sich etwas ändert. Ich will meine Sorglosigkeit nicht verlieren.« Und aus Selbstmitleid entspringt auch die Angst. Denn Verantwortung zu übernehmen bedeutet, sich Sorgen zu machen und (im Fall einer Demenz) auch Entscheidungen zu treffen, die das Leben des betroffenen Elternteils beeinflussen.

Sich kümmern – Pflicht oder Kür?

Für die meisten erwachsenen Kinder ist die Sache klar: Unsere Eltern haben uns auf die Welt gebracht, haben uns erzogen und versorgt, deshalb ist es nur logisch, dass wir uns um sie kümmern, wenn sie unsere Hilfe brauchen. Nun ist es allerdings so, dass wir diese Verpflichtung vielleicht *fühlen*, uns ihr aber nicht unbedingt auch gewachsen sehen. Was kommt da auf uns zu? Passen die Sorgen um die alten Eltern zur eigenen Lebensplanung?

An einigen Fakten führt kein Weg vorbei: Erwachsene Kinder müssen sich um ihre älter werdenden Eltern kümmern. In welchem Maß und mit wie viel persönlichem Einsatz sie das tun, bleibt allerdings jedem selbst überlassen. Mit dem Gefühl der moralischen Verpflichtung allein lässt sich jedoch keine befriedigende Pflegesituation herstellen. Das Herz muss schon auch mit dabei sein.

Nun gehört es sich ja eigentlich nicht, seine Vorbehalte und Bedenken gegen die häusliche Pflege laut auszusprechen. Deshalb stimmen viele voreilig zu und überfordern sich damit oftmals selbst. Denn einerseits kann der Wille vielleicht Berge versetzen, er hat jedoch auch seine Grenzen. Gut gedacht ist noch lange nicht gut gemacht. Andererseits hinterlässt die Entscheidung, eben nicht zu Hause zu pflegen, ein schales Gefühl des Versagens und der Schuld. Sich gegen die häusliche Pflege zu entscheiden ist schwer. Sie hat nur dann eine Chance, wenn man Folgendes bedenkt:

- Die emotionale Verpflichtung darf nicht über alle anderen Anforderungen gestellt werden. Jeder Mensch hat auch eine Sorgfaltspflicht gegenüber sich selbst.
- Die eigenen Bedürfnisse über die von einem anderen zu stellen, ohne selbstverliebt und egoistisch zu wirken, ist eine Kunst.
- Diese Kunst verlangt es, dass man sich vom Perfektionismus verabschiedet, denn Übermenschliches zu leisten ist dauerhaft kaum möglich.
- Lassen Sie sich deshalb nicht allein von Emotionen leiten; denn was kurzfristig nützt, kann langfristig viel Schaden anrichten.

Zu den Überlegungen der emotionalen Situation gehört aber auch ganz praktisch, wo häusliche Versorgung stattfinden kann.

Alleine leben trotz Demenz – geht das?

Einen alten Baum verpflanzt man nicht. Aber muss der Wald deshalb zu den Bäumen ziehen? Es sind Fragen wie diese, die alle moralischen Bedenken schnell auf den Boden der Vernunft zurückholen. Während sich diese Frage bei der Versorgung von Ehepartnern mit Demenz nur selten stellt (und wenn, dann von anderen Umständen wie zum Beispiel Geldsorgen getragen wird), dann ist doch bei erwachsenen Kindern die Ausgangslage ganz anders. Holt man einen Elternteil, der an Demenz erkrankt ist, ins eigene Haus (die eigene Wohnung), dann tut das unter Umständen dem Betroffenen nicht gut, weil es einen Schub der Desorientierung auslösen kann. Hingegen muss man, wenn man zu den Eltern zurückzieht, sein eigenes (berufliches und familiäres) Leben ebenfalls komplett auf den Kopf stellen.

Es ist eine Tatsache, dass die Lebenszufriedenheit im Alter (unabhängig von einer Demenzerkrankung) stark mit der Wohnsituation zusammenhängt. Die meisten Senioren wollen *zu Hause* alt werden, einige entscheiden sich schon früh, in die Nähe der erwachsenen Kinder zu ziehen, unter Umständen in ein Wohnmodell (betreutes Wohnen oder Mehrgenerationenhaus) mit späterer Betreuungsmöglichkeit. Und dann gibt es natürlich auch solche, die als Single ohnehin stets auf sich gestellt waren.

Die Verknüpfung von Wohnungswechsel und Fürsorge bzw. Pflegebedürftigkeit ist immer problematisch. Sich mit einer so schwerwiegenden Entscheidung wie einem Umzug zu befassen, fällt vielen älteren Menschen einfach schwer. Es umtreiben sie Verlustängste, die durch eine Demenzerkrankung noch zusätzlich verstärkt werden:

Der Verlust von Fähigkeiten

Es ist das zentrale Thema für alle Menschen mit Demenz. Es hat etwas mit Veränderung zu tun und der Tatsache, dass durch einen Ortswechsel die Orientierungspunkte, die bislang noch Selbstständigkeit gewährleistet haben, verloren gehen.

Der Verlust des Umfelds

Über viele Jahre haben sich ältere Menschen mit ihrem Umfeld verwoben, sie kennen die Nachbarn, haben Freunde und Bekannte, sind mit den Einkaufsmöglichkeiten und dem Hausarzt vertraut. Das ist ihre Welt, und die bietet ihnen vor allem Sicherheit und Orientierung. Aus diesem Umfeld beziehen sie Selbstvertrauen und Selbstbewusstsein. Selbst wenn der Rahmen, in dem sie sich bewegen können, zunehmend enger wird, fühlen sie sich doch geborgen. Das alles aufzugeben, ist ein schwerer Schritt.

Der Verlust der Wohnung oder des Hauses

Damit geht es sinnbildlich dem *alten Baum an die Wurzeln*, denn die altgewohnte Umgebung ist eine Festung, die allein schon (so scheint es) Beständigkeit ausdrückt. Die eigenen vier Wände stehen für Selbstbestimmung bis zum Schluss. Diese Festung zu verlassen ist gleichbedeutend damit, dass die nachlassenden Fähigkeiten nicht mehr länger ignoriert oder verborgen werden können. Der Wurzeln beraubt, fließen auch die Erinnerungen dahin; es bleibt nichts mehr, was noch Halt gibt.

Sollen Betroffene also doch dort bleiben, wo sie sind? Zumindest in der ersten Demenzphase ist es durchaus noch möglich, alleine zurechtzukommen. Wohnt man als nächster Angehöriger nicht im selben Ort, sollte man sich am Wohnort der Eltern um Beratungsstellen und Betreuungsangebote kümmern. Und dann braucht man jemanden vor Ort, den man mit ins Boot (und somit in die Verantwortung) holen kann. Das kann jemand aus dem Freundes- oder Bekanntenkreis sein oder auch der Nachbarschaft. Es sollte ein Mensch sein, der nah dran ist und dadurch mitbekommt, wenn sich etwas verändert, und einen dann informiert. Von der Verantwortung entbindet das natürlich nicht.

Zumal kann man nicht *auf ewig* vorausplanen und muss deshalb flexibel sein. Generell sprich vieles dafür, den Ist-Zustand möglichst lange zu erhalten. Allerdings haben Studien gezeigt, dass Menschen mit Demenz alleine annähernd so sicher leben können wie solche, die mit Angehörigen zusammenwohnen, wenn sie denn in ein tragfähiges soziales Netz eingebunden sind.

Damit Menschen mit Demenz lange selbstbestimmt alleine leben können, sind bestimmte Voraussetzungen erforderlich:

Ein aufmerksames Umfeld

Menschen mit Demenz, die alleine leben, gehen einkaufen, holen Geld von der Bank oder rufen die Polizei, wenn sie sich bestohlen fühlen. Gerade das alltägliche Umfeld, Verkaufspersonal im Supermarkt oder der Bäckerei, Bankangestellte sowie Streifenpolizistinnen und -polizisten sind Menschen, denen auffallen kann, dass jemand sich über die Zeit verändert, verwirrt ist und Hilfe braucht. Im Idealfall braucht es also zumindest eine Person, die sich regelmäßig kümmert und ein Auge auf den Betroffenen hat.

Offener Umgang mit der Krankheit

Das Anerkennen der Krankheit ist eine Grundvoraussetzung dafür, möglichst lange alleine zu leben. Allerdings sagt auch niemand gerne: »Ich habe Demenz. Können Sie mir helfen?« Die meisten Menschen reagieren allerdings positiv auf solche Offenheit und sind bereit, den Betroffenen weiterzuhelfen.

Unterstützungsangebote annehmen

Betreuung und Pflege für Menschen mit Demenz ist regional unterschiedlich organisiert. Nicht überall gibt es Möglichkeiten der Unterstützung, die speziell für alleinlebende Menschen mit Demenz angeboten werden. Im Idealfall gibt es einen ambulanten Pflegedienst, der zum Beispiel die Medikamentengabe kontrolliert und einfache pflegerische Maßnahmen durchführen kann.

Nur allein zu Hause, ist keine gute Idee

Natürlich lässt sich vieles organisieren, aber ersetzen kann es ab einem gewissen Zeitpunkt die häusliche Rundum-Pflege nicht. All das quasi *auszulagern* ist möglich, kostet aber Geld. Entsprechend müssen sich Angehörige besser früher als später überlegen, wie sie die Fürsorge bei fortschreitender Krankheit gestalten wollen.

In Würde altern

»Die Würde des Menschen ist unantastbar.« So steht es in Artikel 1 des Grundgesetzes. Dies ist ein scheinbar einfacher Anspruch, den es insbesondere im Alter und mit zunehmender Pflegebedürftigkeit stets aufs Neue mit Leben zu füllen gilt. Mit fortschreitender Demenz, Schwäche und (daraus resultierend) notwendiger Hilfe, wird der Anspruch auf eine würdevolle Begleitung immer schwieriger einzulösen. Im Verlauf einer Demenzerkrankung weicht die Selbstbestimmung sukzessive einer notwendigen *Fremdbestimmung*. Somit besteht das Risiko, dass die Würde des betroffenen Angehörigen einer reibungslosen Pflege untergeordnet wird und die Würde des Menschen mit Demenz nicht immer gewahrt bleibt.

Jeder Mensch (auch der an Demenz Erkrankte) wünscht sich ein Leben in Würde bis zum Schluss. Wie sich das gestalten lässt, möchten wir Menschen zumindest (mit-)bestimmen können. Zumeist scheitert es bereits an einer treffenden Definition. Beispielsweise schreiben sich fast alle Pflegeeinrichtungen für Senioren die Wahrung der persönlichen Würde auf die Fahnen, doch was man darunter tatsächlich versteht, bleibt indifferent.

Doch warum ist das so?

Würde ist ein abstrakter Begriff, der sich nur schwer definieren lässt. Eine Definition bedingt immer, dass es eine neutrale, allgemeingültige Beschreibung gibt, die für jeglichen Zusammenhang verwendbar ist. Mit der Würde beginnt genau damit das Problem: Denn so verschieden, wie Menschen sind, so unterschiedlich ist auch das Erleben der eigenen Würde. Dass, was die persönliche Würde ausmacht, und wann sich ein Mensch in seiner Würde verletzt fühlt, ist immer subjektiv, entwickelt sich im Laufe des Lebens und wird so Teil der Persönlichkeit.

Würde hat immer auch etwas mit Distanz zu tun, mit Grenzen, die jeder Mensch für sich selbst definiert und deren Überschreitung als Verletzung und *Herabwürdigung* empfunden wird. Würde ist Akzeptanz der Persönlichkeit und der damit verbundenen Emotionsvielfalt. Auch wenn ein Mensch an Demenz erkrankt ist, geht das Gefühl für Würde nicht verloren. Ganz im Gegenteil, die betroffenen Angehörigen haben ganz feine Antennen dafür, wenn pflegende Angehörige sich *im Ton vergreifen* oder Handreichungen eher unwillig als gleichmütig erfolgen. Es ist sogar so, dass eben diese unabsichtlichen Zwischentöne, die eventuell auf Spannungen hinweisen, sensibler wahrgenommen werden.

Nun gehen viele pflegende Angehörige fälschlicherweise genau vom Gegenteil aus, dass nämlich Menschen mit Demenz es eben nicht mehr so *mitkriegen*, wenn Betreuende ungeduldig und gestresst ihre Pflichten erfüllen.

Bei Beschreibungen des demenziellen Syndroms wird häufig davon geschrieben, dass die *Persönlichkeit verschwindet*, aber genauso ist es nicht. Sie verändert sich, das ist gewiss, doch deshalb werden Menschen mit Demenz nicht *unsichtbar*.

Zwischen Scham und Hilflosigkeit

Es gibt Augenblicke im Zusammenleben mit pflegebedürftigen Senioren, die Betreuende an ihre Grenzen führen. Menschen mit Demenz verlieren im Verlauf der Krankheit immer mehr die Kontrolle über den eigenen Körper. Wenn die Fähigkeiten schwinden und die Hemmungen sinken, können Betreuende es oft nur schwer ertragen.

Andererseits schämen sich betroffene Angehörige ob der Unzulänglichkeiten, die der Körper (und auch der Geist) ihnen zunehmend auferlegt. Sie haben kaum eine Chance, den Schein zu wahren, denn die Scham wird übergroß. Menschen mit Demenz fühlen sich gedemütigt und erniedrigt, sind verzweifelt und hilflos, wenn sie zusehends auf ihre körperlichen Funktionen reduziert werden. In diesem Zusammenhang von einer *würdevollen* Pflege zu sprechen, kommt einem galaktischen Spagat gleich.

Mit zunehmender Hilfsbedürftigkeit müssen die Grenzen der Intimität sinken. Für Scham ist da nur wenig Platz und wenn, dann empfinden beide Seiten (Pflegende und Betroffene) das als sehr belastend. Angehörige, die ihren Lebenspartner oder einen Elternteil mit Demenz auf diesem letzten Lebensabschnitt begleiten, müssen sich mit der *Aufhebung der Schamgrenze* auseinandersetzen. Es gibt Menschen, die damit keine Probleme haben, andere aber können sich auf Dauer gar nicht damit arrangieren.

Dann trifft Hilfsbedürftigkeit auf Hilflosigkeit, Scham trifft auf Beschämung, Angst wird zu Aggression. All solche Emotionen werden sorgsam verborgen, doch je mehr sich Betreuende unter Druck setzen, desto schwieriger wird die Situation.

Pflege, die ohne Emotionen auskommt, gibt es nicht. Wo zu viel Distanz ist, da gibt es kein Mitgefühl, kein Nachspüren, ob die eigenen Worte nicht doch verletzend nachwirken. Unter den Zwängen des Alltags kann es leicht geschehen, dass Betreuende die Emotionen des zu Pflegenden ignorieren. Oft ist es eine Art von Selbstschutz, die eine unsichtbare Mauer aufbaut und pflegende und betroffene Angehörige gleichermaßen trennt.

Es geschieht dann immer öfter, dass Vorwürfe (auch unausgesprochen) beim Menschen mit Demenz den Eindruck entstehen lassen, es sei seine Schuld, wenn im Zusammenleben wieder einmal etwas nicht nach Plan gelaufen ist.

Unabänderliches nicht hinterfragen

Pflegebedürftige Menschen haben keine Wahl. Sie müssen die Scham aufgeben und sich den notwendigen Hilfestellungen der Betreuenden *unterordnen*. Da bleibt nur wenig Raum für Befindlichkeiten oder schamvolle Zurückhaltung. Da ist man (unter Umständen) froh, wenn es jemanden gibt, der ohne viel Aufheben das Notwendige tut.

Bei pflegebedürftigen Menschen mit Demenz wird es nochmal schwieriger, die Grundanforderungen (salopp: sauber, satt und trocken) mit der notwendigen Würde und menschlichen Zuwendung zu verbinden.

Jeder Mensch geht mit der Hilflosigkeit anders um. Die einen sind froh, dass es jemanden Vertrautes gibt, der das für sie übernimmt. Andere werden regelrecht aggressiv und schlagen die helfende Hand aus. Dabei ist es gerade die menschliche Nähe und Zuwendung, die Menschen im fortschreitenden Demenzstadium so dringend brauchen. Einmal in den Arm genommen zu werden, ist ein Wunsch, der nur allzu häufig unerfüllt bleibt.

Die dritte Phase der Demenz

Je weiter eine Demenzerkrankung voranschreitet, desto mehr geht verloren. Die Sprache reduziert sich auf *Ein-Wort-Sätze*, die noch dazu stetig wiederholt werden und auch bei aufmerksamem Zuhören nicht entschlüsselt werden können.

In fast allen Lebensbereichen wird nun Unterstützung notwendig: Beim Waschen, Duschen und Toilettengang sind betroffene Angehörige auf Hilfe angewiesen. Inkontinenz wird zum Thema und prägt sich in dieser Phase aus. Die Namen von nahestehenden Personen können meist nicht erinnert werden. Oft wird auf die wahrgenommenen Defizite sehr emotional reagiert, beispielsweise mit Zorn, Auflehnung oder Verzweiflung.

Beeinträchtigungen in der dritten Phase der Demenz

1. Verhaltensstörungen,
2. Betroffener kann sich nicht mehr allein waschen oder ankleiden,
3. Harninkontinenz,
4. Stuhlinkontinenz,
5. Gangstörung bis zur Bettlägerigkeit,
6. Sprachverlust.

Mit zunehmendem Abbau der Gehirnzellen treten zunächst Gangstörungen auf, die langfristig dazu führen, dass der betroffene Angehörige nicht mehr (allein) laufen kann. Weil er es aber trotzdem versucht, steigt die Gefahr zu stürzen. Zumeist verlassen die Betroffenen ihren Lieblingsplatz nicht mehr so gern, weil sie dafür Begleitung brauchen. Im weiteren Verlauf treten Störungen im Bereich der Koordination und des Lagesinns auf. In der Folge ist freies Sitzen fast unmöglich. In letzter Konsequenz kommt es bei den betroffenen Angehörigen zur Bettlägerigkeit, die vielfach mit einem Abbau der Muskeln verbunden ist.

Erschwerend kommt in dieser Phase hinzu, dass die Nahrungsaufnahme schwieriger wird; zuerst kommt es zu Geschmacks- und Geruchsstörungen, dann folgen Probleme beim Schlucken.

In der dritten Phase sind Menschen mit Demenz kaum noch über den Sinn der Worte zu erreichen. Dabei fällt es den pflegenden Angehörigen zunehmend schwerer, die Bedürfnisse zu erahnen. Allerdings können Musik, Berührungen und Gerüche Brücken der Verständigung bauen. Ganz wichtig ist das Gefühl, nicht allein zu sein. All das vermittelt noch mehr als bisher Sicherheit und Vertrauen.

Dennoch geraten pflegende Angehörige zunehmend unter Druck, denn sie finden kaum noch Ruhe, um neue Energie zu tanken. Konnte die Versorgung eines betroffenen Angehörigen vor dem Auftreten der körperlichen Symptome noch im häuslichen Umfeld gewährleistet werden, stellen diese neben Aggressivität und massiver Unruhe mittlerweile die häufigsten Gründe für einen Umzug ins Heim dar. Insbesondere, wenn der Schlaf-Wach-Rhythmus aus den Fugen gerät, geraten Betreuende an ihre Grenzen.

Bring mich bloß nicht ins Heim!

Viele Menschen mit Demenz würden es genau so formulieren. Daraus spricht in erste Linie die Sorge, *abgeschoben* zu werden. Dabei haben betreuende Angehörige das am wenigsten im Sinn, vielmehr sind es in erster Linie praktische Überlegungen – denn ab einem gewissen Grad der körperlichen Beeinträchtigungen kann die Rundum-Versorgung fast nie von einem Menschen allein geleistet werden. Dennoch lässt sich die Diskussion um eine mögliche Heimunterbringung nie ohne Emotionen führen.

Dabei geht es betroffenen Angehörigen genauso wie den Pflegenden. Ja fast scheint es, als würden die Menschen, die bislang die Pflege allein gemanagt haben, noch mehr leiden als die Betroffenen selbst. Um Zweifel zu zerstreuen, sollte man sich zunächst einmal ein Bild vom Angebot in der Umgebung machen. Das bedeutet: Hingehen, sich die Pflegeeinrichtung anschauen und erst dann die Bewertungen (die sich im Internet zahlreich finden) lesen. Nur so kann es gelingen, die *Spreu vom Weizen* zu trennen.

Doch was bedeutet eine Heimunterbringung überhaupt? Versuchen Sie, sich dabei auf die positiven Aspekte zu konzentrieren:

Im Falle einer fortgeschrittenen Demenzerkrankung steht die Sicherheit an erster Stelle. Nur dort, wo eine *demenzgerechte Umgebung* gewährleistet werden kann, ist der betroffene Angehörige auch wirklich gut aufgehoben.

Über eine kompetente Betreuung sollte man nicht diskutieren müssen. Gerade im Umgang mit Menschen, die an Demenz erkrankt sind, braucht es kompetent geschultes Personal. Dabei spielt auch der sogenannte *Pflegeschlüssel* eine entscheidende Rolle, der (vereinfacht ausgedrückt) darüber Aufschluss gibt, wie viele Heimbewohner von einer Pflegekraft pro Schicht betreut werden.

Wie diese Betreuung (im Idealfall) aussehen sollte, lässt sich zum Beispiel aus den Leitlinien der Einrichtungen ablesen. Dazu sollte man sich zuvor über die verschiedenen Betreuungskonzepte informieren, um zu wissen, welche Ansprüche an die Betreuung sich die Einrichtung selbst auf die Fahnen geschrieben hat. Solche Betreuungskonzepte sind beispielsweise die »Personenzentrierte Pflege nach Kitwood«, das »Psychobiographische Pflegemodell nach Böhm« oder das »Drei-Welten-Konzept« nach Held.

Menschen mit Demenz profitieren in Pflegeeinrichtungen zudem von barrierefreien Sanitäreinrichtungen, tagesstrukturierenden Maßnahmen und individueller Zuwendung. Auch therapeutische Angebote vor Ort ohne große Wege und Ansprache über sinnliche Reize sollten mit im Betreuungsangebot festgeschrieben sein.

Das Ziel einer Unterbringung in einer qualifizierten (und zertifizierten) Pflegeeinrichtung kann auch schlicht der Wunsch nach mehr sozialen Kontakten und Anregungen sein, die sich im Laufe der Zeit bei häuslicher Pflege einfach nicht bewerkstelligen lässt.

Versprechen brechen

Viele pflegende Angehörige kämpfen noch dazu mit einem schlechten Gewissen, weil sie dem Angehörigen, der an Demenz erkrankt ist, vielleicht einmal versprochen haben, ihn nie in ein Heim zu bringen. Noch verzwickter wird die Entscheidungsfindung, wenn man beispielsweise ein solches Versprechen gegenüber einem mittlerweile verstorbenen Angehörigen abgegeben hat. Dabei muss man sich vor Augen führen, dass es einfach Momente im Leben gibt, in denen wir Versprechen geben, über deren Tragweite wir uns nicht im Klaren sind.

Wenn man etwas verspricht und nicht einhält, dann ist das sehr belastend. Je mehr man verspricht, desto größer wird die Hypothek, die auf einem lastet, wenn es darum geht, Versprechen einzulösen. Versprechen schaffen tatsächlich Schuld. Es ist daher gut, sich das klarzumachen, ehe man gebeten wird, ein solches Versprechen zu geben.

Im Laufe der Zeit verändern sich Menschen und Umstände, sodass auch Versprechen angepasst und manchmal gar gebrochen werden dürfen. Ein naheliegendes Beispiel ist das Eheversprechen, das bei Scheidungen gebrochen wird – jeden Tag tausendfach. Nun ist dieses Beispiel mit dem Eheversprechen vielleicht nicht ganz zutreffend, steht aber sinnbildlich für die Möglichkeit, dass sich gegebene Versprechen auch an veränderte Rahmenbedingungen anpassen dürfen. Es gibt also durchaus das Recht, ein Versprechen nicht einzulösen, wenn die Last, die daraus entsteht, nicht mehr *tragbar* ist.

Die Vorbehalte gegen eine Heimunterbringung sind nicht so leicht zu entkräften, bei einem Angehörigen mit Demenz potenziert sich das Problem. Die wichtigste Grundlage für eine klare Zukunftsentscheidung ist jedoch ein gutes Gewissen. Das können Sie sich nur verschaffen, wenn Sie sich ausführlich informieren und eine gute Wahl treffen. Wenn es doch nur so einfach wäre …

Immer diese Schuldgefühle

Ein schlechtes Gewissen ist bekanntlich kein gutes Ruhekissen. Es lässt einen nachts nicht schlafen, und tagsüber quält man sich mit Schuldgefühlen. Das Perfide an Schuldgefühlen ist, dass sie zumeist einen schalen Nachgeschmack haben. Sie gehen zumeist mit dem Gefühl der eigenen Unzulänglichkeit einher und implizieren immer auch ein Versagen. Deshalb ist es so schwer, sich gegen häusliche Pflege auszusprechen.

Sorge um die rechtlichen Angelegenheiten

Wer entscheidet für den Menschen mit Demenz, wenn er es selbst nicht mehr kann? Das ist eine weitere Frage, mit der sich pflegende Angehörige möglichst frühzeitig beschäftigen sollten. Denn im Verlauf der Krankheit verlieren betroffene Angehörige die Fähigkeit, selbst Verträge abzuschließen oder Geschäfte zu tätigen. Auch finanzielle Angelegenheiten sind davon betroffen.

Immer noch wissen viel zu wenige Menschen, dass die Vorsorgevollmacht im Falle von Demenz (oder anderen schwerwiegenden Krankheiten) nicht automatisch auf die Familienangehörigen übergeht. Um wirksam für andere handeln zu können, gibt es zwei Möglichkeiten:

- Zum einen kann jeder Mensch in gesunden Tagen einer Vertrauensperson eine schriftliche Vollmacht erteilen. Soll sie erst im Bedarfsfall genutzt werden, kann man mit dem Bevollmächtigten entsprechende Bedingungen zum Einsatz der Vollmacht vereinbaren. Das ist die so genannte Vorsorgevollmacht.
- Zum anderen kann das Amtsgericht einen gesetzlichen Betreuer bestellen, der sich um die Angelegenheiten des Betroffenen kümmert.

Das Gericht beauftragt dann einen Gutachter, einen Arzt, und der Richter spricht auch selbst mit dem Betroffenen. Für eine Betreuung im finanziellen Bereich gehört dazu, dass durch das Verhalten und den Umgang mit Geld *eine Verarmung droht*.

Das Gericht berücksichtigt bei der Wahl des Betreuers die Wünsche des Betroffenen und übt insgesamt über die Betreuungssituation eine gewisse Aufsicht aus. Die Vollmacht ist in der praktischen Anwendung einfacher, birgt jedoch das Risiko eines Missbrauchs. Dagegen bietet die gesetzliche Betreuung eine gewisse Kontrolle, die jedoch auch zu mehr Aufwand für den Betreuer führt.

Aufgeschoben ist nicht aufgehoben

Die Aufnahme in eine Pflegeeinrichtung ist zumeist für die Angehörigen, die einen Menschen mit Demenz zuvor zu Hause gepflegt haben, ein einschneidender Tag. Da sie der Heimaufnahme mit so großen Vorbehalten entgegensehen und mit dem allseits präsenten *schlechten Gewissen* kämpfen, informieren sie den betroffenen Angehörigen zumeist auch nicht vorher darüber, geschweige denn, dass sie ihn in die Entscheidung einbeziehen. Das ist leider traurige Realität.

Sie tun das aus scheinbarer Rücksichtnahme, doch in der Tat tun sie es aus Furcht davor, dass es alles nur noch komplizierter machen würde. So fürchten sie, der betroffene Angehörige könnte sich weigern mitzukommen oder vor Ort gar eine Szene machen. Die Fantasie treibt wilde Blüten und entwickelt immer neue Horrorszenarien. Nicht selten holt man sich beim behandelnden Arzt oder externen Betreuer Rat, denkt sich gemeinsam Ausreden aus. Doch in der Tat macht man sich nur selbst etwas vor. Dass man nicht mit offenen Karten spielt, nährt schlussendlich nur die eigenen Schuldgefühle. Dabei könnte man sich die ganze Geheimniskrämerei auch gleich schenken, denn betroffene Angehörige ahnen ohnehin, was hinter ihrem Rücken gespielt wird.

Es wird gezögert und taktiert – und das alles nur, weil man das Gefühl hat, damit etwas Unrechtes zu tun – ja, als käme es gar einem Verbrechen gleich, Versprechen zu brechen und Verantwortung zu teilen. Das wird deutlich, wenn man sich einmal die Worte anschaut, mit denen darüber gesprochen wird. Da ist von *weggeben, abgeben oder abliefern* die Rede. Die Emotionen folgen der Wortwahl – kein Wunder also, dass man sich schlecht fühlt.

Es gibt darüber hinaus noch weitere Gründe, warum es beim Thema Pflegeeinrichtung so schwierig ist, Tacheles zu reden.

Sie haben das Gefühl, ein ungeschriebenes Gesetz zu brechen – nämlich das Versprechen zu brechen, den betroffenen Angehörigen nie aus seinem eigenen Haus zu verbannen.

Damit nicht genug, Sie schämen sich dafür, ihn in einer für ihn völlig fremden Umgebung zurückgelassen zu haben, und befürchten, dass er sich nie an das fremde Gebäude und das neue Personal gewöhnen wird.

Die größte Angst jedoch haben betreuende Angehörige vor dem *Verrat*, den sie in ihren Augen damit begehen, den betroffenen Angehörigen in einem Haus *voller Verrückter* zurückzulassen.

Gerade diese letzte Befürchtung lässt sich durchaus nicht von der Hand weisen, denn erstaunlicherweise sehen Menschen mit Demenz andere Menschen mit Demenz noch längere Zeit als *verrückt* an, wohingegen ihnen ihr eigenes Verhalten noch ziemlich normal vorkommt.

Allerdings entscheiden sich viele pflegende Angehörige erst in einem weit fortgeschrittenen Stadium zu einer externen Unterbringung, sodass den Betroffenen der Ortwechsel weniger drastisch bewusst wird.

Für die Familie jedoch verringert dies oft kaum den Schmerz. Sie haben häufig den Impuls, ihren Angehörigen wieder nach Hause mitzunehmen und den Umzug rückgängig zu machen.

Ganz praktisch: Veränderungen in Angriff nehmen

Wenn Umzug ins Heim, in die Kurzzeitpflege oder ein Wohnungswechsel anstehen, sind solche Veränderungen zumeist mit Schwierigkeiten verbunden. Das gilt für Umzüge ganz generell, aber auch für kurzfristige, unter Umständen krankheitsbedingte Standortwechsel, wie beispielsweise Krankenhausaufenthalte. Die folgenden Tipps gelten für Ortswechsel jeder Art gleichermaßen:

Werden Sie sich zunächst einmal selbst darüber klar, ob und warum diese Veränderung nötig ist. Konzentrieren Sie sich auf die Fakten und die positiven Aspekte!

Wenn Sie eine Wahl haben, lassen Sie sich nicht von einem *schlechten Gewissen* leiten, sondern wägen Sie die Argumente ab und entscheiden Sie sich. Je klarer Sie sich sind, desto einfacher ist es für den betroffenen Angehörigen, die Entscheidung zu akzeptieren.

Bemühen Sie sich um eine *kreative Wortwahl.* Vermeiden Sie Worte wie *Heim, Pflegeeinrichtung oder Krankenhaus* und ersetzen Sie sie durch Worte, die nicht so emotional besetzt sind. Das bedeutet: Es sollte Ihnen gelingen, sie gelassen auszusprechen. Verkaufen Sie die Tagespflege als Seniorennachmittag oder die Kurzzeitpflege als betreuten Urlaub. Gehen Sie auf die Ängste des betroffenen Angehörigen ein.

Sie können einen Angehörigen mit Demenz in der Regel nicht zwingen, mit Ihnen zu kommen. Vor geplanten Umzügen haben sich Vorwände bewährt, unter denen der erste Besuch einer Einrichtung angekündigt wird. Das können Besuche bei Bekannten sein oder auch das Versprechen auf einen Kuchen nach der Tagespflege.

Wenn sich der betroffene Angehörige seiner Krankheit bewusst ist, seien Sie unbedingt ehrlich. Erklären Sie ihm, dass Sie überfordert sind und Hilfe benötigen, um sich weiter um ihn kümmern zu können.

Machen Sie den Umzug so leicht wie möglich. Sorgen Sie dafür, dass beim Einzug so viel Vertrautes wie möglich mitgenommen werden kann.

Informieren Sie das Pflegepersonal ausführlich über Vorlieben und Abneigungen des neuen Mitbewohners. Liefern Sie bereitwillig Informationen für eine sinnvolle Biografiearbeit.

Achten Sie auf die Reaktionen des betroffenen Angehörigen. Sprechen Sie gerade zu Beginn des Aufenthalts Ihre Besuche mit dem Personal ab. Wie oft und wie lange Sie Ihren betroffenen Angehörigen besuchen sollten, können diese am besten einschätzen. Insbesondere zu Beginn, in der Eingewöhnungsphase, können häufige Besuche Menschen mit Demenz sehr verwirren.

Jeder Betroffene mit Demenz, der in eine Pflegeeinrichtung zieht, bringt seine eigene Geschichte mit. Gleichmaßen reagiert auch jedes Familienmitglied anders auf diese grundlegende Veränderung. Es gibt Menschen mit Demenz, die in der neuen Umgebung geradezu *aufblühen*.

Einer der möglichen Gründe kann sein, dass sie dort nicht mehr das Letzte aus sich herausholen müssen, sondern in einer Umgebung sind, die an ihre Möglichkeiten angepasst ist.

Ein anderer Grund: Sie genießen es regelrecht, immer viele Menschen um sich zu haben. Vor allem für Menschen, die gern in Gesellschaft sind und zu Hause vereinsamten, kann das Pflegeheim als wohltuend empfunden werden. Manche schließen sogar neue Freundschaften und verlieben sich in einen Mitbewohner – was dann natürlich wieder ein wenig zu viel sein und der Familie wehtun kann, vor allem, wenn der betroffene Angehörige noch einen Partner hat, der ihn regelmäßig besucht.

Woran stirbt man mit Demenz?

Trotz des fortschreitenden Zellverfalls der Gehirnsubstanz bei Demenz führt dieser nicht direkt zum Tod. Aufgrund von Bettlägerigkeit, motorischer Schwäche und der Reduktion der Immunabwehr steigt vielmehr das Risiko für schwere Infektionen und den Zusammenbruch des Kreislaufsystems.

Offen für neue Konzepte

Für die Entscheidung, an welchem Ort ein Mensch mit fortschreitender Demenz am besten aufgehoben ist, gibt es keine Empfehlungen oder allgemeingültige Ratschläge. Es gibt mittlerweile sehr viele verschiedene Konzepte, die vielleicht gerade für Ihre Situation *maßgeschneidert* sind.

Zahlreiche Organisationen beraten Angehörige in dieser schwierigen Frage. Dennoch liegt die Entscheidung bei der oder dem Erkrankten und den Angehörigen – und hängt ebenso von äußeren Faktoren ab. Vielleicht gibt es ja tatsächlich in Ihrer Nähe auch Möglichkeiten wie betreutes Wohnen, Mehrgenerationen-Wohnprojekte, Demenz-Wohngemeinschaften oder gar ein Demenz-Dorf, in dem mehrere Menschen mit Demenz in einer betreuten Wohnanlage versorgt werden. Entdecken Sie die Vielfalt, und treffen Sie eine Entscheidung, die für alle Seiten eine sichere Zukunft bereithält.

Literatur

Adler, Eric, *Mehr vom Leben*, südwest-verlag, München, 2014

Baer, Udo, Schotte- Lange Gabi, *Das Herz wird nicht dement*, Beltz, Weinheim, 2013

Buijssen, Huub, *Demenz und Alzheimer verstehen*, Beltz, Weinheim, 2008

Feraris, Laura, *Demenz im Alltag*, BoD, Norderstedt, 2018

Hofmann, Markus, *Denken Sie Neu!* Mentale Fitness in einer digitalen Welt, südwest-verlag, München, 2014

Kastner, Ulrich, Löbach, Rita, *Handbuch Demenz*, elsevier, München, 2018

König, Jutta, Zemlin, Claudia, *100 Fehler im Umgang mit Menschen mit Demenz*, Brigitte Kunz Verlag, Schlütersche Verlagsanstalt, Hannover, 2016

Nieth, Dani, *Jammern gefährdet Ihre Gesundheit*, mvg, München, 2017

St. Josef Pflegestift der caritas, Pflegekonzept

Teusen, Gertrud, *Jetzt wird Mama richtig alt!*, Kreuz-Verlag, Stuttgart, 2008

Teusen, Gertrud, *Höchste Zeit, darüber zu reden*, Kreuz-Verlag, Stuttgart, 2008

Teusen, Gertrud, *Da sein – nah sein*, Wie wir unseren alten Eltern guttun können, Kreuz bei Herder, Freiburg, 2010

Teusen, Gertrud, *Ginkgo – natürliche Energie für Ihr Gehirn*, Trias – Thieme Verlag, Stuttgart, 1998

Zimmermann, Bettina, *Emotionen – das Salz in der Krise*, Stämpfli Verlag, Bern, 2018

Websites

https://www.wegweiser-demenz.de/informationen/betreuung-und-pflege.html

https://www.deutsche-alzheimer.de/unser-service/archiv-alzheimer-info/mit-demenz-zuhause-leben-moeglichkeiten-der-ambulanten-versorgung-fuer-menschen-mit-demenz.html

https://www.bundesgesundheitsministerium.de/fileadmin/Dateien/5_Publikationen/Pflege/Broschueren/190429_BMG_RG_Demenz.pdf

https://www.psychenet.de/de/psychische-gesundheit/themen/umgang-mit-demenz.html